英語学モノグラフシリーズ 9

原口庄輔／中島平三／中村　捷／河上誓作　編

極性と作用域

奥野　忠徳
小川　芳樹　著

研 究 社

まえがき

肯定・否定の区別を極性 (polarity) という．そして，肯定的極性の文脈にのみ現れる要素を肯定極性表現と呼び，否定的な極性の文脈にのみ現れる要素を否定極性表現と呼ぶ．極性に関してもっともよく知られている現象が，some-any 交替現象である．この現象を生成文法の枠組みで最初に分析したのは Klima (1964) であり，この研究は今や否定研究には欠かすことのできない古典となっている．極性については，その後，統語的アプローチ，形式意味論的アプローチ，関連性理論によるアプローチ，認知意味論的アプローチなどさまざまの枠組みで研究が行なわれてきた．その中で特筆すべきは，本書でも詳しく述べられている Ladusaw の下方含意 (downward entailment) に基づく極性表現の説明である．否定極性表現は，否定文にのみ生じるのではなく，if 節，before 節，only を含む文，every を含む文，比較構文など，さまざまの構文に生ずる．極性表現のこのような多様性を，Ladusaw は下方含意という意味現象に基づいてみごとに説明している．

しかしながら，下方含意の概念によって極性表現のすべての側面が説明できるわけではない．極性表現はそれを認可する要素の作用域内になければならないが，その作用域の決定は統語的に行なわれる．また，下方含意の決定には語用論的要因も深く関わっている．したがって，極性表現は，統語論，意味論，語用論の要因が複雑に絡み合う現象であると言える．

数量詞や wh 語などの論理演算子 (logical operator) の作用が及びうる範囲を作用域と呼ぶ．たとえば，文頭にある疑問詞の wh 語の作用域はその後に続く文全体であり，間接疑問文の wh 語の作用域は間接疑問節全体である．このように，英語では wh 語は節の先頭に移動されるので，その位置で wh 語の作用域が決定される．一方，数量詞の場合には，たとえば

Every spy loves someone. は，「それぞれのスパイに好きな人が1人いる」という解釈と「すべてのスパイが好きな人が1人いる」という解釈の2つの解釈を持つが，この解釈を上記の文から直接引き出すことはできない．そこで，wh 語の場合と同様に，数量詞を節の先頭に移動する操作を仮定すると，次の2つの構造が得られる：(i) $[_{S1}$ every spy$_x$ $[_{S2}$ someone$_y$ $[x$ loves $y]]]$, (ii) $[_{S1}$ someone$_y$ $[_{S2}$ every spy$_x$ $[x$ loves $y]]]$．(i) の構造では，every spy が広い作用域をとり，その中に someone が含まれているので，someone が everyone に依存する前者の解釈が得られる．これに対して，(ii) では，someone が everyone より広い作用域を持つので，後者の解釈が得られる．

　このような数量詞移動の操作を数量詞繰り上げ (Quantifier Raising) と呼ぶ．この操作によって数量詞の作用域を決定するのが標準的な分析であるが，それぞれの数量詞の意味に基づいて作用域関係を決定する分析や，数量詞繰り上げのような操作を仮定せず，それと同じ効果をどのみち格照合に必要な移動操作の副産物として説明する方法などが提案されている．

　第 I 部第 1 章から第 5 章までは奥野忠徳が担当し，第 II 部第 6 章から第 9 章までは小川芳樹が担当している．第 I 部の第 1 章と第 2 章では，極性に関するいくつかの分析を批判的に検討し，第 3 章では下方含意に基づく極性の分析を詳しく論じている．第 4 章では any について多角的に検討し，独自の分析も提示している．第 II 部の第 6 章では，演算子の種類について論じ，第 7 章では数量詞の作用域，wh 語と数量詞の作用域の相互関係，日英語の比較について論じている．第 8 章では法演算子について，第 9 章では副詞の作用域について論じ，新しい提案もしている．これらはいずれも，論理形式に関わる重要な意味現象であり，本書を通して，それらの基本的分析の外観を得ることができる．

2002 年 6 月

編　者

目　　次

まえがき　iii

第 I 部　極　　性

はじめに ——————————————————— 3

第 1 章　統語的説明 ————————————— 5
1.1　統語的作用域に基づく説明　5
1.2　統語的作用域に基づく説明の問題点　6
1.3　束縛関係に基づく説明　6
1.4　束縛関係に基づく説明の証拠: 島の制約　11
1.5　束縛関係に基づく説明の問題点　11

第 2 章　論理形式に基づく説明 ——————— 14
2.1　論理形式に基づく説明の概要　14
　2.1.1　直接作用域制約（A）　14
　2.1.2　直接作用域制約（B）　15
2.2　論理形式に基づく説明の問題点　18
　2.2.1　論理的に等価な命題　18
　2.2.2　否定的動詞　19
　2.2.3　Few を含む文　20
　2.2.4　否定的含意の探索範囲の問題　21

第3章 論理的含意関係に基づく説明 ―― 24

- 3.1 論理的含意関係に基づく説明の概要　24
  - 3.1.1 下方含意仮説による説明　26
  - 3.1.2 さらに大きい説明力　31
  - 3.1.3 等位接続と下方含意・上方含意　38
  - 3.1.4 倒置現象と下方含意・上方含意　39
- 3.2 否定的環境の強弱　40
- 3.3 Monotonicity の種類と NPI の分布　42
- 3.4 Monotonicity の種類と PPI の分布　43
- 3.5 Monotonicity の種類と NPI / PPI の強弱　44
- 3.6 下方含意仮説の問題点　45

第4章 Any の研究 ―― 50

- 4.1 1つの Any か，2つの Any か　50
- 4.2 Any の意味　53
- 4.3 他の証拠　59
- 4.4 Any の意味と MD 環境との関係　67
- 4.5 前提を含む文と Any の分布　68
  - 4.5.1 Only　68
  - 4.5.2 Since　75
  - 4.5.3 First　75
  - 4.5.4 Regret / Surprise　76
- 4.6 疑問文　80
- 4.7 Because　82
- 4.8 統語的必要条件　84
- 4.9 Any 以外の NPI　86
  - 4.9.1 最小量を表す NPI　86
  - 4.9.2 Until　90

4.9.3　上位文からの否定　　91

第5章　今後の課題————————————————94
　5.1　二重否定　94
　5.2　集合の大きさとNPI　96
　5.3　Krifka (1995) からの反例　96
　5.4　統語的制約とNPI　99
　5.5　Giannakidou (1998) からの反例　101

むすび————————————————————106

第II部　作　用　域

第6章　演算子と作用域————————————111
　6.1　演算子の種類　112
　6.2　論理形式と論理構造　114
　6.3　作用域の記述方式　117
　　　6.3.1　数量詞繰り上げ (QR)　117
　　　6.3.2　格照合によるA移動分析　121
　　　6.3.3　Wh併合　131
　　　6.3.4　写像仮説　134
　6.4　まとめ　142

第7章　演算子の作用域————————————143
　7.1　数量詞間の作用域関係　143
　　　7.1.1　単文の場合　143
　　　7.1.2　複文の場合　151
　7.2　数量詞と束縛代名詞　155
　　　7.2.1　束縛代名詞と認可条件　155

7.2.2　束縛代名詞の認可条件の適用レベル　158
　　7.2.3　ロバ文と英国人文　160
　　7.2.4　バック・ピーターズ文　162
　7.3　名詞句内の数量詞の作用域　163
　　7.3.1　名詞句内の数量詞の解釈　163
　　7.3.2　逆行連結と束縛代名詞の認可　166
　7.4　疑問詞と数量詞の作用域関係　169
　　7.4.1　移動された wh 句と *wh*-in-situ の作用域　169
　　7.4.2　関数的読みと個体読み　171
　　7.4.3　wh 句と普遍数量詞の作用域関係　173
　　7.4.4　束縛条件に基づく説明　176
　7.5　遊離数量詞の作用域　183
　7.6　日英語の比較　185
　　7.6.1　日英語の数量詞の作用域　185
　　7.6.2　日英語の *wh*-in-situ の作用域　187
　　7.6.3　日英語の疑問詞と数量詞の作用域関係　189
　7.7　まとめ　192

第8章　法演算子の作用域──────────193
　8.1　不定名詞句の特定的解釈と非特定的解釈　193
　8.2　法演算子と不定名詞句の解釈　194
　8.3　法助動詞と数量詞の作用域関係　201
　8.4　まとめ　205

第9章　副詞の作用域──────────206
　9.1　文副詞と VP 副詞　206
　　9.1.1　副詞の位置に基づく下位分類　206
　　9.1.2　文副詞の作用域関係　209

9.1.3　複数の VP 副詞の間の作用域関係　212
　9.2　量化の副詞　214
　9.3　ま と め　216

参 考 文 献　219
索　　引　231

第Ⅰ部

極　性

は じ め に

　言語には，いわゆる「肯定文」と「否定文」がある．(1), (2) がその英語の例である．

- (1) John likes modern music.
- (2) John does not like modern music.

そして，肯定文を好む言語表現と，否定文を好む言語表現がある．(3), (4) の斜字体の表現がその例である．

- (3) a. John ate *some* soup.
　　 b. John has *already* arrived.
　　 c. Bill *still* plays golf.
　　 d. I *would rather* go to New York.
　　 e. Our professor has *long since* given up on us.
　　 f. Lucy is *pretty* selfish.
- (4) a. John didn't eat *any* soup.
　　 b. George won't *ever* see that movie.
　　 c. Mary didn't *budge an inch* to help her boyfriend.
　　 d. William doesn't *drink a drop*.
　　 e. John doesn't *bat an eye* when you threaten him.
　　 f. Mary didn't *sleep a wink*.
　　 g. John did not arrive *until* seven o'clock.

肯定文を好む some, already, still, would rather, long since,（副詞の）pretty のような表現を，肯定極性表現（positive polarity item: PPI）と言い，否定文を好む any, ever, budge an inch, drink a drop, bat an eye, sleep a wink,（瞬時動詞と共起する）until のような表現を，否定極性表

現 (negative polarity item: NPI) と言う．

　(3) や (4) のような文では，肯定・否定という極性 (polarity) は明らかであるが，ある文がどちらの極性を持つのかを一般的に定義するのは，それほど簡単なことではない．たとえば，(5) や (6) はどちらの極性を持つのであろうか．

　(5)　If you steal *anything*, you'll be arrested.
　(6)　All boys who *budged an inch* were rejected.

(5), (6) でも NPI が生じているが，これらは「否定文」なのであろうか．

　本書の第 I 部では，とくに NPI に焦点をあてながら，次の根本的な問題を検討する．

　(A)　NPI の本質は何か．
　(B)　NPI の分布を支配している原則は何か．

(A) は NPI の意味・機能を確定する問題であり，(B) は否定性を定義する問題である．これらが解決されるならば，自然言語の極性現象について根本的な知見が得られるものと期待される．

第1章 統語的説明

1.1 統語的作用域に基づく説明

　NPI の分布を統語的に説明しようとする試みは，Klima (1964) に始まり，Jackendoff (1972), Lasnik (1972) などで検討が行われてきた．NPI の分布に関するこれらの統語的説明は，次のように定式化することができる．

　　（1）　NPI は，（否定など）NPI を認可する要素の統語的作用域内になければならない．

統語的作用域 (syntactic scope) の規定の仕方は，各研究者によって少しずつ異なっているが，(2) のように規定するのが一般的である．

　　（2）　ある要素の統語的作用域とは，それが c 統御する領域である．

(1) と (2) を，(3) の文に適用してみよう．

　　（3）　a. *Anybody* did not laugh.
　　　　　b. *The man who did not laugh ate *any* peas.

(3a) の構造は，概略 (4) となるが，この構造では，not が NPI の anybody を c 統御 (c-command, 構成素統御) していないため，非文法的となる．

　　（4）　[IP *Anybody* did [NegP not [VP laugh]]].

同様に，(3b) でも not が any peas を c 統御していない．したがって，

(3b) は容認されない．次の (5) の例では，never や not が any を c 統御しているので文法的となる．

（5） a.　We never sighted *any* unicorns.
　　　b.　I don't think *anybody* will come.

1.2　統語的作用域に基づく説明の問題点

統語的作用域に基づく NPI の分布の説明には，多くの問題点があることが指摘されている．たとえば，次の例を見てみよう (Linebarger 1980, 24)．

（6） a.　I don't think that she *can help* doing what she does.
　　　b.　*I don't regret that she *can help* doing what she does.
（7） a.　I didn't say that I had *ever* been to Israel.
　　　b.　*I didn't yell that I had *ever* been to Israel.

(6b), (7b) の例は，NPI である can help や ever が not に c 統御されているにもかかわらず，容認されない．さらに次の例を見よう．

（8） *John didn't *lift a finger* to help us because he had altruistic sentiments — he just didn't have anything else to do.

(8) でも，not が NPI の lift a finger を c 統御しているにもかかわらず，容認されない．それに対し，(9) は容認可能である．

（9） John didn't *lift a finger* to help us.

(8) と (9) は同一の統語構造を持つので，NPI の分布は，統語構造のみに基づいて決定することができないことがわかる．

1.3　束縛関係に基づく説明

Progovac (1988, 1994) は，極性現象を束縛現象に還元できるとし，束縛理論で説明しようとしている．(10) の例を見よう．

（10） a.　*[IP John has not *already* arrived].

b. Mary did not say that [$_{IP}$ John has *already* arrived].

already は肯定極性表現（PPI）であるから，(10a) のように，not の作用域に入ることはできない．それでは，(10b) はなぜ容認可能になるのであろうか．(10) で見られる現象は (11) で見られる現象と同質のものであると，Progovac は主張している．

(11) a. *[$_{IP}$ Mary$_i$ loves her$_i$].
 b. John$_i$ loves her$_j$.
 c. Mary$_i$ did not say that [$_{IP}$ John loved her$_i$].

(10) と (11) はどういう点で同質なのであろうか．まず，Chomsky (1981) によれば，代名詞の解釈は (12) の束縛原理 (B) によって説明される．

(12) 束縛原理 (B)：代名詞は，その統率範疇内で自由でなければならない．

「自由」というのは「束縛されていない」ということであり，「束縛されていない」とは，「同一指標を持つ名詞句によって c 統御されていない」ということである．(11a) では，代名詞 her が，その統率範疇（IP）の中で先行詞 Mary によって c 統御されており，容認されない．(11b) では，代名詞はその先行詞によって c 統御されていないため，容認可能である．(11c) では，her は Mary によって c 統御されてはいるが，Mary は her の統率範疇（補文の IP）の外にある．したがって，これも認可される．

さて，Progovac は，(10) の PPI も束縛原理 (B) に従うと考えることによって，(11) と (10) に同じ説明を与えることができると主張する．(10a) では，already は not によって，その統率範疇（IP）内で c 統御されている．したがって，束縛原理 (B) に違反し，容認されない．(10b) では，already は主節の not によって c 統御されているが，not は already の統率範疇（補文の IP）内にはない．したがって束縛原理 (B) に違反せず，容認される．

これに対して，(13) の NPI は，(14) の再帰代名詞と分布が似ている．

8　第 I 部　極　性

(13) a.　[IP Mary did not see *anyone*].
     b.　*Mary saw *anyone*.
(14) a.　[IP Mary_i loves herself_i].
     b.　*John_i loves herself_j.

(14) は，(15) の束縛原理 (A) によって説明される．

(15) 束縛原理 (A)：照応形は，その統率範疇内で束縛されていなければならない．

照応形 herself が，その統率範疇 (IP) の中で束縛されている (14a) は容認可能であるが，そうでない (14b) は容認不可能である．これと平行的に，NPI の anyone が統率範疇 (IP) 内で not によって束縛されている (13a) は容認可能であるが，そうでない (13b) は容認されない．
　このような考え方にとって問題になるのが，(16) のような文である．

(16)　Mary did not say that [IP she had seen *anyone*].

(16) では，anyone は，その統率範疇である補文 IP 内で束縛されていないにもかかわらず，容認可能である．この問題に関して，Progovac は，any は数量詞であるので，(17) のように，論理形式部門 (Logical Form: LF) で繰り上げられると主張している．

(17)　[IP Mary did not say [CP *anyone*_i [that [IP she had seen *t*_i]]]].

(17) の anyone は，構造上補文 IP の外，つまり，主節の IP 内にあるので，その統率範疇は主節の IP となる．その中で，anyone は not に束縛されている．したがって，(16) は容認可能とされる．
　それでは，否定辞を含まない (18) のような文にも NPI が生起できるのは，なぜであろうか．

(18) a.　Has John insulted *anyone*?
     b.　If Mary saw *anyone*, she will let us know.
     c.　Every man who insulted *anyone* should apologize.

このような明示的否定辞を含まない文について，Progovac は，これらの文には空の演算子（Operator: Op）があり，NPI はそれらによって束縛されているとしている．この Op は，明確な真理値を持たない文に出現するとされ，補文標識（Complementizer: C）の中にあり，一種の接辞（clitic）であるとされる．この考え方によると，(18a–c) の構造は，それぞれ (19a–c) となる．

(19) a.
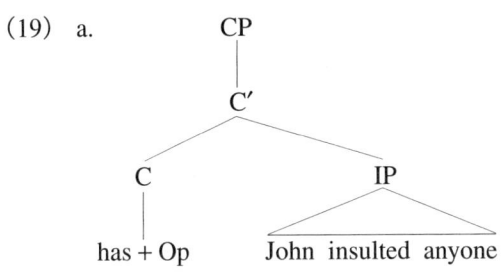

b.
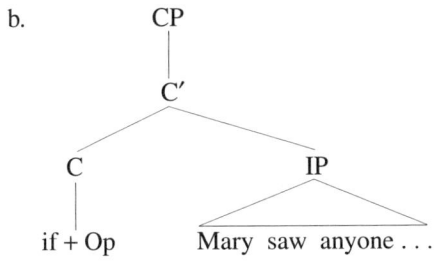

c.
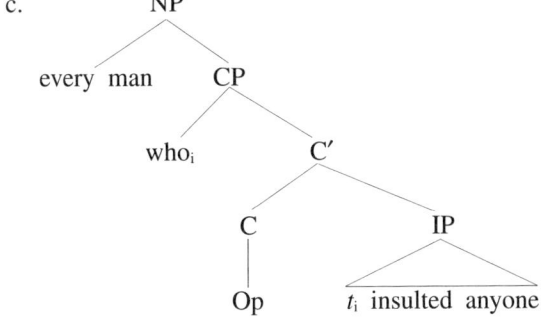

(19a)で，anyoneが論理形式部門でIPへ付加されると（LF移動），(20)が派生される．（Progovacは，anyのLF移動として，(17)で示したようなCPの指定部（Specifier: Spec）への移動と，(20)のようなIPへの付加という2つの選択肢を認めている．）

(20)

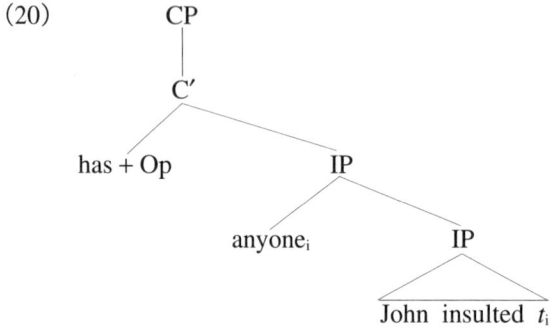

(20)のLFにおいて，anyoneは補文IP（下のIP）の外にあるので，その統率範疇はCPとみなされる．この中でanyoneはOpに束縛されている．したがって，(18a)は束縛原理（A）に合致しており，容認可能となる．同様のことが(18b, c)にもあてはまる．

　anyoneのような否定極性的量化詞は，LFで繰り上がるのに対して，(21)のPPIや(22)の量化詞でないNPIは，LFで繰り上げの適用を受けないとされる．

(21) a. I do not claim that [IP John has insulted *someone*].
　　 b. If [IP John has insulted *someone*], he should apologize.
(22) a. *I am not saying that [IP John arrived *until* seven o'clock].
　　 b. *Did [IP John arrive *until* seven o'clock]?
　　 c. *If [IP John arrived *until* seven o'clock], he was in time.

(21)で，PPIのsomeoneが繰り上がらないとすると，その統率範疇は補文IPとなり，その中でsomeoneはnotやOpによって束縛されていない．したがって，束縛原理（B）に違反せず，容認可能となる．これに対して，(22)の場合，NPIとしてのuntil句は量化詞ではないため繰り

上がらず，その統率範疇は [　] の IP である．その中で，これらの表現は not や Op によって束縛されていないため，束縛原理（A）に違反し，容認不可能になるとされる．

1.4　束縛関係に基づく説明の証拠：島の制約

Progovac の理論では，極性表現の分布の説明において，LF での繰り上げという操作が重要な役割を果たしているが，それには独立した証拠があるのであろうか．もし LF での繰り上げがあるとすれば，それは Move α の一種であるから，摘出操作を阻止するさまざまな島（island）の条件に従うことが予測される．Progovac によれば，(23) はこの予測が正しいことを示しているという．

(23)　a. ?*I am not asking you to prepare this and bring *anything*.
　　　b. *I did not make a pie after I received *anyone*.
　　　c. ?*We weren't aware of the fact that *anyone* had left.

これらの文では，any の句が LF で移動されなければならないが，その移動は，(23a) では等位構造制約（Coordinate Structure Constraint）に違反し，(23b) では付加詞の島（Adjunct Island）の制約に違反し，(23c) では複合名詞句制約（Complex NP Constraint）に違反するものとして説明される．

1.5　束縛関係に基づく説明の問題点

次の文が，Progovac の理論でどのように説明できるかを考えてみよう．

(24)　I doubt that *anyone* is here.

この理論では，(24) の anyone は，C に存在する Op によって認可される．その傍証として，(25) のような文があげられている．

(25)　a. *I doubt *anyone*.
　　　b. *He disliked *any* of his friends.

(25) が容認されないのは，補部が CP でないため，NPI を認可する Op

が存在しないからであるとされる．しかし，この考え方には問題がある．たとえば，Horn and Lee（1995）は次のような問題点を指摘している．(26)–(28) を見よう．

(26) He disliked [*any* crumbs on the carpet].
(27) a. He denied [*any* involvement in the conspiracy].
　　 b. He avoided [*any* responsibility for the defeat].
(28) a. Mary left without [*any* warning].
　　 b. This proposal lacks [*any* content].

(26) の any の分布を説明するためには，小節（small clause）構造を仮定することが考えられるが，小節が CP であるという証拠は乏しい．さらに(27) では，補部が意味的には命題内容を表すとはいえ，統語的に CP 補文を持つという証拠はない．(28) では，[　] の部分が CP であるとは考えられない．

次に，数量詞の NPI には LF 移動を適用し，数量詞でない NPI には LF 移動を適用しないとする考え方について検討しよう．

(29) a. He didn't say that the car would *budge an inch*.
　　　　　　　　　　　　　　　　　　　　（Linebarger 1987, 336）
　　 b. I don't think anyone expects Kim to {*say a word* / *touch a drop* / *move a muscle* / *lift a finger* / *spend a red cent*}.
　　　　　　　　　　　　　　　　　　　　（Horn and Lee 1995, 419）
(30) I doubt I can get to your paper *until* the weekend.
　　　　　　　　　　　　　　　　　　　　（*ibid.*, 414）

Progovac によれば，(29), (30) に見られる NPI は数量詞ではないので，LF で数量詞繰り上げ（Quantifier Raising: QR）により繰り上がることはない．したがって，これらの NPI は，同一節内に否定辞がある場合にのみ認可されると予測される．しかし，(29), (30) は容認可能である．

次に，(31) を見よう．

(31) a. *I don't think that every boy has *any* potatoes.

  b. *Has every student submitted *any* homework?
(Horn and Lee 1995, 419)

(17) で見たように，any が LF で補文 CP の指定部へ移動できるなら，(31a) は容認可能のはずである．さらに (20) で見たように，any が IP に付加できるならば，(31b) も可能なはずである．しかし，これらは予測に反して容認不可能である．
 次に，島の制約にかかわる問題点を見よう．1.4 節で，島の制約が LF 移動の証拠になるという Progovac の主張を見たが，次のような例はそのような主張の反例となる．

(32) a. I never met a man who *anybody* tried to kill.
   b. Waldo didn't report the possibility that *anybody* might leave.
   c. Are you appalled by the idea that *anyone* would *lift a finger* to visit Cleveland? (以上，Ladusaw 1980a, 204)
   d. Mary never goes out with men who have *any* problems.
(Krifka 1995, 249)

(32) の文での any の繰り上げは，すべて複合名詞句制約に抵触するはずである．また，(33) は，等位構造制約に抵触するはずである．

(33) I'm not asking you to clean the table or prepare *anything* for supper.

しかし，これらの文はすべて容認可能な文であるので，Progovac の理論にとって問題となる．（島の制約と NPI の関係については，5.3 節でさらに詳しく検討する．）
 このように，Progovac の理論は，極性現象を束縛理論に還元しようとした点では興味深いが，問題点を含む理論であると言えよう．

第 2 章 論理形式に基づく説明

2.1 論理形式に基づく説明の概要

2.1.1 直接作用域制約 (A)

Linebarger (1980, 1987, 1991) は，NPI の分布は論理形式に基づいて説明されるべきであるとし，次のような直接作用域制約 (Immediate Scope Constraint: ISC) (A) を提案している．

(1) 直接作用域制約 (A) (ISC (A))：NPI は，LF において否定演算子 NEG の直接作用域内になければならない．

「直接作用域」は，次のように定義されている．

(2) ある要素 x は次の場合に NEG の直接作用域内にある．
 (a) x が NEG の作用域内にあり，かつ，
 (b) x と NEG の間に論理要素が介在していない．

たとえば，(3) は (4) の LF を持つ．

(3) John didn't know *anyone*.
(4) NOT (John knew *anyone*)

(4) では，NPI である anyone が NOT の直接作用域内にあるので，ISC (A) によって正しく認可される．

次に，因果関係を含む文を見てみよう．

(5) He didn't move because he was pushed.

この文は，次の 2 通りの読みを持つ．

(6) a. NOT CAUSE (he was pushed, he moved)
(彼が動いたのは，押されたからではない．(別の理由による))
b. CAUSE (he was pushed, NOT (he moved))
(彼が動かなかったのは，押されたからだ．)

これをふまえて，主節に NPI を含む次の文を考えてみよう．

(7) He didn't *budge* because he was pushed.

(7) に対しても，(5) と同様に，2 つの可能な LF が考えられる．

(8) a. NOT CAUSE (he was pushed, he *budged*))
b. CAUSE (he was pushed, NOT (he *budged*))

(8b) では，NPI の budge は NOT の直接作用域にあるが，(8a) では，CAUSE という論理演算子 (logical operator) が介在するため，NOT の直接作用域内にない．したがって，(7) は (8b) の読みしか持たないことを正しく予測できる．

ISC (A) で説明できるのは，NPI と not が同一節内にある場合だけである．これ以外の場合は，次節の ISC (B) によって説明される．

2.1.2 直接作用域制約 (B)

Baker (1970) は次のような観察をしている．(9) を見よう．

(9) a. I *would rather* go to New Orleans.
b. *I *would*n't *rather* go to New Orleans.

この例から，would rather は PPI であり，否定されないことがわかる．では，次の文はなぜ容認可能なのであろうか．

(10) There isn't anyone in this camp who *would*n't *rather* be in Montpelier.

(10) の文は，概略 (11) のように分析できる．

 (11) NEG (∃x (NEG (x *would rather* be in Montpelier)))

NEG (∃x (F (x))) = ∀x (NEG (F (x))) であるから，(11) は (12) と等価である．

 (12) ∀x (NEG (NEG (x *would rather* be in Montpelier)))

また，NEG (NEG (F (x))) = F (x) であるから，(12) は (13) と等価である．

 (13) ∀x (x *would rather* be in Montpelier)

したがって，(11) は (13) を論理的に含意 (entail) する．すなわち，would rather は，表面上否定されているように見えても，含意によって「肯定」となっている環境にあればよいことになる．

 Linebarger (1980, 1987, 1991) は，Baker のこの考え方をさらに発展させ，次のような制約を論理形式 (LF) に課すことを提案している．

 (14) 直接作用域制約 (B) (ISC (B))：NPI を含む命題 p が別の命題 q を(論理的または語用論的に)含意し，その q の中で NPI が NOT の直接作用域内にあれば，p はその含意によって「救われ」，容認可能となる．

Linebarger (1991) は，否定含意 q に対して，さらに次の 3 つの条件を課している．

 (15) a. 有用性条件：話者は，p を発することによって，積極的に q を伝えようとしていること．
    b. 強化条件：q が真であれば，p が実質的に真になること．
    c. 背景条件：NPI は，q の中で，背景情報となるような環境に生じていないこと．(NPI が q の前提部分に生じていないこと)

この理論を具体的に適用してみよう．まず，(16) を考える．

(16) The ocean isn't blue because it has *any* blue paint in it.

因果関係が否定されている読みでの (16) の LF は，(17) のようになる．

(17) NOT CAUSE (the ocean has *any* blue paint, the ocean is blue)
（海の水が青いのは，青い絵の具が入っているからではない．）

(17) は，ISC (A) では認可されない．なぜなら，NPI の any と NOT の間に，論理要素 CAUSE が介在しているからである．しかし，(17) は次のような否定的含意 q を持つので，ISC (B) よって救われ，容認可能とされる．

(18) q: The ocean doesn't have *any* blue paint in it.

(18) は，有用性条件 (15a) を満たす．なぜなら，(16) を発することによって，話者は (18) を伝えることができるからである．(18) は強化条件 (15b) も満たす．なぜなら，(18) が真であれば(つまり，海水に青い絵の具が入っていないのであれば)，海水の色と絵の具の間に因果関係はないので，(17) も真になるからである．また，(18) の中で，any は前提部分に生じていないので，背景条件 (15c) も満たす．このように，(15) の 3 つの条件を満足する q が存在するので，そのことにより (16) は救われ，容認可能となる．

この否定的含意が成り立たない例として，(19) を見てみよう．

(19) a. *Grass isn't green because it has *any* chlorophyll.
    b. *The ocean in this stage set isn't blue because it has *any* blue paint in it, although blue paint is exactly what we used.

(19a) が ISC (B) によって救われるためには，「草は葉緑素を持たない」という含意が必要である．しかし，この含意は常識に反するため，(19a) は容認されない．(19b) は，although 節によって，その前の節が必要とする否定的含意が否定されており，矛盾した文となっている．

同様に，次の各文は ISC (A) では認可されないが，ISC (B) によって認可される．（各文が持つ否定的含意を q で表す．各 q において，NPI は

NEGの直接作用域内にあることに注意．)

(20) I was surprised that she contributed *a red cent*.
　　　q: I had expected her not to contribute *a red cent*.
(21) He made me so angry that it was hard to *lift a finger* when he asked for help.
　　　q: He made me so angry that I almost couldn't *lift a finger* when he asked for help.
(22) If you *give a damn* about the whales, you'll contribute.
　　　q: (You contribute) or (NOT (you *give a damn* about the whales))
(23) Every restaurant that charges *so much as* a dime for iceberg lettuce ought to be closed down.
　　　q: ∀x : x is a restaurant ((x charges *so much as* a dime for iceberg lettuce) → (x ought to be closed down))
　　　このqは (22) と同型なので，さらに次のように展開できる．
　　　q′: ∀x : x is a restaurant (NOT (x charges *so much as* a dime) or (x ought to be closed down))
(24) He left before Mary showed *any* interest in flying us all to Rio.
　　　q: When he left, Mary hadn't shown *any* interest in flying us all to Rio.
(25) Only John has *any* interest in playing soccer.
　　　q: Anyone who isn't John doesn't have *any* interest in playing soccer.
(26) Did you eat *any* peas?
　　　q: It's possible that you didn't eat *any* peas.

2.2　論理形式に基づく説明の問題点

2.2.1　論理的に等価な命題

　この節では，否定的含意に基づく Linebarger の理論の問題点を検討する．まず次の文を見よう．

(27) *Everyone *lifted a finger*.

Fauconnier (1975a, 197) が指摘しているように，(27) は (28) の含意を持つ．

(28)　q: There wasn't anyone who didn't *lift a finger.*

(28) は，(27) と論理的に等価であるから，(15) の有用性条件，強化条件，背景条件のすべてを満たす．したがって，(28) は (27) を救うものと予測できるが，事実はそうではなく，(27) は容認不可能である．Linebarger 自身もこの問題には気づいており，次のような論理的等価が自分の理論にとって問題になると述べている．

(29)　a.　p = NOT NOT p
　　　b.　p and q = NOT ((NOT p) or (NOT q))
　　　c.　p or q = NOT ((NOT p) and (NOT q))
　　　d.　p → q = (NOT q → NOT p)
　　　e.　∀x F (x) = NOT (∃x (NOT (Fx)))

(29a) からは，p に NPI が生じうると誤って予測する．(29b, c) からは，p, q に NPI が生じうると誤って予測する．(29d) からは，q に NPI が生じうると誤って予測する．(29e) の例が，(27), (28) である．Linebarger (1987) は，(29a) のような二重否定について，肯定命題 p が NPI を含むとき，その二重否定は p を救う力を持たないという指定をするより方法がないと述べているが，(29b–e) についてはどうするのか明らかではない．

2.2.2　否定的動詞

否定の意味を内在的に持っている refuse, forget などに関しても問題がある．次の文を見よう．

(30)　a.　*I refused *anything.*
　　　b.　I didn't accept *anything.*
(31)　a.　Mary forgot the poem.
　　　b.　Mary does not know this poem anymore.
　　　c.　*Mary forgot *anything.*

(30a) は, (30b) の否定的含意を持つにもかかわらず, 容認されない. また, (31a) は (31b) のような否定文を含意するにもかかわらず, (31c) は容認されない.

2.2.3　Few を含む文

every を関係節の先行詞に含む, 次の文を見よう.

(32) a. Every student who had *ever* read *anything* about phrenology attended the lecture.　　　　　　(Ladusaw 1980c, 3)
    b. $\forall$x : x is a student (NOT (x had *ever* read *anything* about phrenology) or (x attended the lecture))

(32a) は (32b) の含意を持つ. (32b) において, ever, anything という NPI は NOT の直接作用域内にあるため, (32a) は ISC (B) により認可される. (詳しくは 2.1.2 節の例文 (23) を参照.)

関係節の先行詞に some を含む (33a) は, (32a) とは対照的に, NOT を含む文での言い換えができず, (33b) のような肯定命題を含意する.

(33) a. *Some student who had *ever* read *anything* about phrenology attended the lecture.　　　　　　(Ladusaw 1980c, 3)
    b. $\exists$x : x is a student ((x had *ever* read *anything* about phrenology) and (x attended the lecture))

したがって, some を含む (33a) のような文で NPI が生じないことは, 直接作用域制約で説明できそうである. (ただし, p and q = NOT ((NOT p) or (NOT q)) であるから, ここでも Linebarger の理論に何らかの方策が必要である.)

それでは, few を含む (34) はどうであろうか.

(34) Few books on sale there acknowledge the existence of *any* racist sentiments in the American middle.

Linebarger (1991, 178) は, few を含む (34) の文が可能であるのは, それが (35) の否定的含意を持つからであるとしている.

(35) Most books there implicitly imply that there aren't *any* racist sentiments in the American middle class.

それでは，次のように，few 句を先行詞とする関係節内に NPI が生じている文は，どのように説明されるのであろうか．

(36) Few students who had *ever* read *anything* about phrenology attended the lecture.　　　　　　　　(Ladusaw 1980a, 152)

Linebarger の考え方に従うと，(36) は (37) の含意を持つはずであるが，(37) は容認されない文である．

(37) *Most students who had *ever* read *anything* about phrenology didn't attend the lecture.

このように，few を先行詞とする関係節内に NPI を含む文について，Linebarger の理論は満足な説明を与えることができない．

2.2.4　否定的含意の探索範囲の問題

まず第一に，次の文を考えてみよう．

(38) a.　He almost finished.
　　　b.　He didn't quite finish.
　　　c.　He didn't quite finish *any* of the essays.

(38a) は (38b) を含意する．また，(38c) からわかるように，not quite を含む文は NPI を認可する．しかも，(38a) と (38b) はほとんど同じ意味を持つので，(38b) は，(38a) が真であることを実質的に保証する．そうすると，Linebarger の理論では，almost を含む文が NPI を認可すると予測する．しかし (39) からわかるように，almost は NPI を認可できない．

(39) a.　*He almost finished *any* of the essays.
　　　b.　*He almost {*budged* / *slept a wink* / *touched a drop*}.
　　　　　　　　　　　　　　　　　　(Horn 1995, 174)

第二に，Kadmon and Landman (1993) の指摘する次の例を見よう．

(40)　a.　*All but at most three boys saw *anything*.
　　　b.　At most three boys didn't see *anything*.

(40a) は (40b) を含意する．(40b) で，NPI の any は not の直接作用域内にある．さらに，(40b) が真であれば，(40a) が真であることが実質的に保証される．したがって，Linebarger の理論では，(40a) が容認可能であると予測することになる．

　第三に，(41) を見よう．

(41)　a.　*Even Sue said *anything*.
　　　b.　Sue was the most likely not to say *anything*.

(41a) は (41b) を含意するが，それによって (41a) が救われることはない．なぜであろうか．Linebarger は，(41a) → (41b) という含意が成立しているとしても，そのことから，(41a) が救われるとは限らないと言う．なぜなら，Sue が意見を最も言いそうにない人だとしても，そのことからだけでは，Sue が実際に意見を言ったかどうかはわからない．つまり，(41a) は (41b) を含意するが，(41b) は強化条件 (15b) を満たさず，そのような否定的含意は，(41a) を救うことができないということである．

　しかし，Kadmon and Landman (1993) は，Linebarger のこの議論には問題があることを指摘している．Linebarger の理論で (41a) の容認不可能性を説明するためには，(41b) だけについて言及するだけでは不十分である．なぜなら，(41a) を救える否定的含意がほかにも存在するかもしれないからである．したがって，関係すると思われる否定的含意を，すべて調べなければならない．そのようなことが可能かどうかも大きな問題であるが，可能であるとしても問題がある．なぜなら，(41a) は (41b) のほかに，(42) も含意するからである．

(42)　Sue said something although she was the most likely not to say *anything*.

(41b) とは異なり，(42) が真であれば，(41a) も (ほぼ確実に) 真である．したがって，(42) の否定的含意は強化条件をも満たすので，ISC (B) により，(41a) を誤って救うことになる．

　このように，ある文に関係する否定的命題は膨大な数にのぼり，そのすべてについて探索することは不可能に近く，予想もしない否定的含意が存在するかもしれない．これこそが，Linebarger 理論が抱える最も本質的な問題である．

第3章 論理的含意関係に基づく説明

3.1 論理的含意関係に基づく説明の概要

1.1節で，NPIの認可に関する統語的作用域による説明を，(1)のように定式化した．

(1) NPIは，NPIを認可する要素の統語的作用域内になければならない．

ここで，NPIを認可する要素とは何であるかが問題になる．Klima (1964) はこれらの要素を，NEGと共通の [affective] という素性を持つ要素であると仮定した．しかし，Ladusaw (1980a, 1980b, 1980c) が正しく指摘しているように，[affective] の厳密な定義がないかぎり，これは有意義な言語学的一般化とは言えない．しかも，このような考え方では説明できない現象がある．次の文を見よう．

(2) a. Every student who had *ever* read *anything* about phrenology attended the lectures.
b. *Every student who attended the lectures had *ever* read *anything* about phrenology.

(2a) のNPIを説明するためには，everyが [affective] を持つ要素であるとみなすことになるが，(2b) を説明するためには，everyは [affective] を持たない要素とみなさなければならず，everyに関して矛盾する素性設定をしなければならない．

このことから，Ladusaw は，[affective] の概念を厳密に定義づけることを試みている．まず，(3)，(4) を見よう．

(3) a. John is a father.
　　b. John is a man.
(4) a. Some fathers walk.
　　b. Some men walk.

John が父親であれば，John は男性である．つまり，(3a) が真であるならば，(3b) も真である(以下，この含意関係を (3a) → (3b) のように書く)．さらに，父親という概念は，男性という概念の下位概念である．そうすると，(3a) → (3b) の含意は，下位概念から上位概念への含意ということになる．このように，下位概念から上位概念への含意を，上方含意 (upward entailment) と呼ぶ．(4) でも同様のことが言える．歩く父親が何人かいるとすれば，父親は男性であるから，歩く男性も何人かは必ずいることになる．したがって，(4a) → (4b) という上方含意が成立する．

次に，(5)，(6) を考えてみよう．

(5) a. John isn't a man.
　　b. John isn't a father.
(6) a. No man walks.
　　b. No father walks.

(5) で，John という人が男性ではないとすると，John は父親ではない．つまり，(5a) → (5b) が成立する．(6) で，歩く男性がひとりもいないとすれば，当然，歩く父親もひとりもいないことになる．つまり，(6a) → (6b) が成立する．含意の向きは，どちらも上位概念から下位概念に向いている．このような含意は，下方含意 (downward entailment) と呼ばれる．

Ladusaw は，このような意味上の含意関係が，文の否定的性格・肯定的性格を決定するものと考えた．そして，否定極性表現 NPI の分布に関して，次のような仮説を提案した．

(7) Ladusaw の仮説：下方含意を許す表現，そしてそれのみが，NPI を認可する．
(α is a trigger for NPIs if α is downward-entailing.)
(Ladusaw 1980a, 147)

（下方含意を許す表現は，monotone-decreasing とか downward monotonic とも言われる．また，上方含意を許す表現は，monotone-increasing とか upward monotonic とも言われる．）本書では，(7) を (8) のように解釈する．

(8) NPI に関する下方含意仮説：NPI は，下方含意を許す環境に，そしてそこにのみ生じうる．

(7) と (8) では，少し違う予測をする場合があるが，総じて (8) のように考えるほうが説明力が大きく，しかも明確な説明が可能になる．したがって，これ以降は (8) を採用して議論を進める．

3.1.1 下方含意仮説による説明

例文 (6)(=(9)) をもう一度見てみよう．

(9) a. No man walks.
b. No father walks.

(9) で，no は下方含意表現ということになるが，これは，正確には次のように表すべきである．

(10) [[no N′]$_{NP}$ VP] という構造において，no は，N′ に関して monotone-decreasing (MD) である．（これを，N′ は MD 環境であると言う．）

次に，(11) を考えよう．

(11) a. No men walk.
b. No men walk slowly.

(11) で，歩く男性がいなければ，ゆっくり歩く男性も当然いないはずである．したがって，(a) → (b) が成立する．walk slowly は，walk の下位概念であるから，この含意は下方含意である．したがって (12) が成り立つ．

 (12) [[no N']$_{NP}$ VP] という構造において，
  a. N' は MD 環境である．
  b. VP も MD 環境である．

(12) と (8) の下方含意仮説から，(13a, b) が容認可能であることが説明できる．

 (13) a. No student who had *ever* read *anything* on phrenology attended the lectures.
  b. No student who attended the lecture had *ever* read *anything* about phrenology. (Ladusaw 1980a, 149–150)

(13a) では，MD 環境の N' 内に NPI が生じ，(13b) では，MD 環境の VP 内に NPI が生じている．(本書では，関係節は N' に含まれているものと仮定する．)

 次に，some が含まれる文を考えてみよう．

 (14) a. Some men walk.
  b. Some fathers walk.
 (15) a. Some men walk.
  b. Some men walk slowly.

(14) では，(a) → (b) は成立しない(歩く男性がいるとしても，歩く父親がいるとはかぎらない．歩く男性は，すべて独身で子供を持たないかもしれない)．逆に，(b) → (a) は成立する(歩く父親がいるとすれば，父親は男性であるから，当然歩く男性がいることになる)．したがって，この場合の含意は上方含意である．一方 (15) では，(a) → (b) は成立しない(歩く男性がいるとしても，その人たちがすべて速く歩くかもしれず，(15b) は必ずしも真ではない)．これに対して，(b) → (a) は成立する

(ゆっくり歩く男性がいるとすると，その人たちはともかく歩くのであるから，(15a) も真である)．この結果は (16) のようにまとめられる．

(16)　[[some N′]_NP VP] という構造において，
　　　a.　N′ は monotone-increasing (MI) 環境である．
　　　b.　VP も MI 環境である．

(16) と (8) の下方含意仮説から，(17a, b) が容認不可能であることが説明される．

(17)　a.　*Some students who had *ever* read *anything* on phrenology attended the lectures.
　　　b.　*Some students who attended the lecture had *ever* read *anything* about phrenology.　　(Ladusaw 1980a, 149–150)

(17a) では，NPI が MI 環境である N′ 内に生じており，(17b) では，NPI が MI 環境である VP 内に生じている．したがって，どちらも容認不可能となる．

次に every を含む (18) を考えてみよう．

(18)　a.　Every man walks slowly.
　　　b.　Every man walks.

(18) では，(a) → (b) が成立する(すべての男性がゆっくり歩くとすれば，すべての男性がともかく歩いていることになる)．一方，(b) → (a) は成立しない(すべての男性が歩く場合，その中には速く歩く男性がいるかもしれない)．

次に (19) を考えよう．

(19)　a.　Every father walks.
　　　b.　Every man walks.

(19) では，(a) → (b) は成立しない(すべての父親が歩くとしても，独身男性は歩かないかもしれない)．一方，(b) → (a) は成立する(すべての男性が歩くのであれば，その中に含まれる父親もすべて歩くはずである)．

これをまとめると，(20) のようになる．

(20) [[every N′]_NP VP] という構造において，
 a. N′ は MD 環境であり，MI 環境ではない．
 b. VP は MI 環境であり，MD 環境ではない．

このことにより，Klima (1964) にとって問題となった (2) (= (21)) も，下方含意仮説で説明することができる．

(21) a. Every student who had *ever* read *anything* about phrenology attended the lectures.
 b. *Every student who attended the lectures had *ever* read *anything* about phrenology.

(21a) では，MD 環境である関係節内に NPI が生じており，容認可能となる．(21b) では，MI 環境である VP 内に NPI が生じており，容認不可能となる．

次に at most を含む (22) を見よう．

(22) a. At most three students ate a green vegetable.
 b. At most three students ate spinach.

(22) では，(a) → (b) は成立するが，(b) → (a) は成立しない(緑色野菜を食べた学生の数が，多くても 3 人であれば，緑色野菜の一種であるほうれん草を食べた学生も，多くても 3 人である．逆に，ほうれん草を食べた学生が 3 人以下であっても，緑色野菜を食べた学生は，キャベツなどを食べた学生がいるかもしれないので，3 人以上いる可能性がある)．

次に (23) を見てみよう．

(23) a. At most three men ate spinach.
 b. At most three fathers ate spinach.

(23) では，(a) → (b) は成立するが，(b) → (a) は成立しない(ほうれん草を食べた男性が最大で 3 人であれば，その中に父親がいる場合でも，その父親の数は 3 人以下である．逆に，ほうれん草を食べた父親が最大 3 人

しかいないとしても，独身男性もほうれん草を食べたかもしれず，そのときには，ほうれん草を食べた男性は3人よりも多くなる）．これをまとめると (24) のようになる．

(24)　[[at most n N′]_NP VP] において (n は数詞)，
　　　a.　N′ は MD 環境であり，MI 環境ではない．
　　　b.　VP も MD 環境であり，MI 環境ではない．

したがって (25) のように，N′ と VP のどちらにも NPI が生じうることを，正しく予測することができる．

(25)　At most three students who had *ever* read *anything* about phrenology attended *any* of the lectures.　(Ladusaw 1980a, 151)

これに対して，at least の場合には，at most と逆の結果が得られる．

(26)　a.　At least three students ate a green vegetable.
　　　b.　At least three students ate spinach.

(26) では，(b) → (a) は成立するが，(a) → (b) は成立しない（ほうれん草を食べた学生が最低3人いたのであれば，ほうれん草も緑色野菜の一種であるから，緑色野菜を食べた学生は当然，最低でも3人はいることになる．逆に，緑色野菜を食べた学生が最低3人いたとしても，その学生はすべてキャベツを食べたかもしれず，ほうれん草を食べた学生が最低3人いたとは必ずしも言えない）．

　次に，(27) を見よう．

(27)　a.　At least three men ate spinach.
　　　b.　At least three fathers ate spinach.

(27) では，(b) → (a) は成立するが，(a) → (b) は成立しない（ほうれん草を食べた父親が最低3人いたとすれば，父親も男性であるから，ほうれん草を食べた男性は，当然3人以上いることになる．逆に，ほうれん草を食べた男性が3人以上いたとしても，その男性は全員独身かもしれず，したがって，ほうれん草を食べた父親が3人以上いたかどうかはわからな

い).
このことから，次の (28) が成り立つ．

(28) [[at least n N′]$_{NP}$ VP] において，
　　 a. N′ は MI 環境であり，MD 環境ではない．
　　 b. VP も MI 環境であり，MD 環境ではない．

(28) と下方含意仮説 (8) により，(29) が容認不可能であることが正しく予測できる．

(29) a. *At least three students who had *ever* read *anything* about physics attended the lecture.
　　 b. *At least three students who attended the lecture had *ever* read *anything* about physics.

3.1.2　さらに大きい説明力

下方含意仮説は，さらに広範囲の例を説明することができる．第一に，次の例を見よう．

(30) a. John {never / seldom / rarely / hardly ever} eats *any* spinach.
　　 b. *John {usually / often / sometimes / always} eats *any* spinach.

(30a) の副詞は下方含意を認可するのに対し，(30b) の副詞は上方含意を認可する．これを次の例で見てみよう．

(31) a. John {never / seldom / rarely / hardly ever} eats a green vegetable for dinner.
　　 b. John {never / seldom / rarely / hardly ever} eats brussels sprouts for dinner.

(31) では，(a) → (b) は成立するが，(b) → (a) は成立しない (緑色野菜を {けっして / めったに / まれにしか} 食べないのであれば，芽キャベツ

も {けっして / めったに / まれにしか} 食べないはずである．しかし，この逆は成り立たない）．したがって，never, seldom, rarely, hardly ever は，MD 環境を作り出し，MI 環境を作らない．

次に，(31b) に生じている副詞を見てみよう．

(32)　a.　John {usually / often / sometimes / always} eats a green vegetable.
　　　b.　John {usually / often / sometimes / always} eats brussels sprouts.

(32) では，(b) → (a) が成立し，(a) → (b) は成立しない（{通常 / しばしば / ときどき / いつも} 芽キャベツを食べているのであれば，芽キャベツも緑色野菜の一種であるので，{通常 / しばしば / ときどき / いつも} 緑色野菜を食べていることになる．逆に，{通常 / しばしば / ときどき / いつも} 緑色野菜を食べているとしても，その緑色野菜は，ほうれん草かもしれず，{通常 / しばしば / ときどき / いつも} 芽キャベツを食べているとはかぎらない）．このことから，次のことが成り立つ．

(33)　a.　never / seldom / rarely / hardly ever は MD 環境を作り出すが，MI 環境は作り出さない．
　　　b.　usually / often / sometimes / always は MI 環境を作り出すが，MD 環境は作り出さない．

(33a) の副詞が否定的であり，(33b) の副詞が肯定的であることは，下方含意を許すか上方含意を許すかということによって捉えることができる．以上のことから，(30a, b) が説明できる．

第二に，if 節を考えてみよう．[if p, then q] において，まず p について考えてみよう．

(34)　a.　If John eats a green vegetable for dinner, he will be punished.
　　　b.　If John eats spinach for dinner, he will be punished.

緑色野菜を食べると罰せられるのであれば，緑色野菜の一種であるほうれん草を食べても，当然罰せられるはずである．したがって，(34a) →

(34b) が成立する．逆に，ほうれん草を食べれば罰せられるとしても，緑色野菜(たとえばキャベツ)を食べても罰せられるとはかぎらない．したがって，(34b) → (34a) は成立しない．

次に，[if p, then q] の q の部分について考えてみよう．

(35) a. If John has money, he will buy a Toyota.
     b. If John has money, he will buy a Corolla.

お金があればトヨタ社の車を買うことがわかっているとしても，そのことから，その人がトヨタ社のカローラを買うということは推論できない．同じトヨタ社のクラウンを買うかもしれないからである．したがって，(35a) → (35b) は成立しない．逆に，お金があればカローラを買うことがわかっている場合，カローラはトヨタ車の一種であるから，その人がトヨタ車を買うことが推論できる．したがって，(35b) → (35a) が成立する．

以上のことから，次のことがわかる．

(36) [if p, then q] において，
     a. p は MD 環境であり，MI 環境ではない．
     b. q は MI 環境であり，MD 環境ではない．

このことから，(37), (38) の容認可能性が説明できる．

(37) a. If Mary saw *anyone*, she will let us know.
     b. If *anyone ever* catches on to us, we're in trouble.
(38) a. *If Mary spills the beans, then *anyone* will *ever* stop us.
     b. *If John doesn't return it, then *anyone* will *ever* discover that the money is missing.

(37) では，NPI が MD 環境に生じているため，容認可能であり，(38) では，NPI が MI 環境に生じているため，容認不可能である．

次に，(39) を見てみよう．(以下の例では，含意関係を → で示す．)

(39) a. John failed to buy a shirt.
       → John failed to buy a red shirt.

b. John failed to eat *any* spinach.

(39a) から，fail の to 不定詞補文が MD 環境であることがわかる．したがって，(39b) が容認可能となる．

次に (40) を見よう．

(40) a. I am too full to eat meat for dinner.
→ I am too full to eat beef for dinner.
b. I am too tired to do *anything* to help.

(40a) から，いわゆる too ... to ～ 構文も，to 不定詞の中が MD 環境であることがわかる．したがって，(40b) が容認可能である

(41a) から，without 句も MD 環境であることがわかる．したがって，(41b) が容認可能である．

(41) a. John left without a jacket.
→ John left without a red jacket.
b. John finished his project without *any* help.

(42a) から，反対意見を表す against 句も，MD 環境であることがわかる．したがって，(42b) が容認可能である．

(42) a. John would be against buying a jacket.
→ John would be against buying a red jacket.
b. John was against bothering to buy *anything*.

これとは対照的に，賛成の意味を表す in favor of 句は，MI 環境である．

(43) a. John would be in favor of buying a red jacket.
→ John would be in favor of buying a jacket.
b. *John was in favor of bothering to buy *anything*.

1着の赤い上着を買うのに賛成するとすれば，赤い上着も上着の一種であるから，上着を買うことにも賛成していることになる．しかし，逆は成立

しない．1着の上着を買うことに賛成するとしても，それは青い上着かもしれず，必ずしも赤い上着を買うことに賛成しているとは言えない．したがって，含意関係は (43a) のようになり，in favor of 句の中は MI 環境である．このことから，(43b) は容認不可能となる．

次の例は，Progovac の束縛理論にとって問題となるものであった (⇒ 1.5 (28b))．

(44) a. John lacks *any* sense of humor.
　　　b. The paper lacks *any* content.

Hoeksema and Klein (1995) が指摘しているように，lack はその目的語に関して下方含意を認可する．

(45)　The zoo lacks a tiger.
　　　→ The zoo lacks a snowtiger.

したがって，(44) で any の生起が許される．

(46) の例は，Linebarger の LF 理論にとって問題となるものである (⇒ 2.2.2 (30), (31))．

(46) a. *Mary forgot *anything*.
　　　b. *I refused *anything*.
(47) a. Mary forgot X.
　　　b. Mary does not know X anymore.

(47a) は (47b) を含意する．(47b) では，X が not の直接作用域内にある．したがって，Linebarger の ISC (B) により，(46a) に any が生起してもよいと予測する．しかし，(46a) は容認されない文である．

これに対し，下方含意仮説によると，(46) の文に any が生じないことが説明できる．(48) を見よう．

(48) a. Mary forgot a poem by Goethe.
　　　b. Mary forgot a poem.

(48) では，(a) → (b) は成立するが，(b) → (a) は成立しない (ゲーテの

詩を忘れたのであれば，ゲーテの詩も詩の一種であるから，当然，詩を忘れていることになる．逆に，詩を忘れたといっても，それはハイネの詩であったかもしれない）．このことから，forget はその目的語に関して上方含意を許すが，下方含意を許さないことがわかる．したがって，(46a) は容認されない．

同様に，(49) で，(a) → (b) は成立するが，(b) → (a) は成立しない．

(49)　a.　Mary refused an Emmy's award.
　　　b.　Mary refused an award.

このように，refuse の目的語位置も上方含意を許す MI 環境であり，NPI の生起は許されない．したがって，(46b) は容認されない．

これに対して，これらの動詞が CP 補文をとる場合は，事情が異なる．(50) を見よう．

(50)　a.　John {doubts / denies} that Mary bought a Toyota.
　　　b.　John {doubts / denies} that Mary bought a Corolla.

(50) では，(a) → (b) は成立するが，(b) → (a) は成立しない（トヨタ車を買ったことを否定したり，それに疑念を持っているとすれば，当然，カローラを買ったことも否定していることになるし，疑念を抱いていることになる．逆に，カローラを買ったことを否定したり，疑念を抱いていたりしても，クラウンを買ったことには否定的でないかもしれない）．このように，doubt や deny などの否定的意味を持つ動詞の補文内は MD 環境であり，MI 環境ではない．したがって，(51)，(52) のような文が可能となる．

(51)　a.　I doubt that *anyone* is here.
　　　b.　I doubt that Mary saw *anyone*.
(52)　a.　Mary denied that she had *ever* insulted *anyone*.
　　　b.　I denied that *anything* interesting happened.

almost を含む次のような文も，Linebarger の理論にとって問題であっ

た (⇒ 2.2.4).

(53) *He almost finished *any* of the essays.

ここでも，下方含意仮説は正しい予測をすることができる．次の例を考えてみよう (Horn 1995, 174).

(54) a. He's almost alive.
　　　b. He's almost ambulatory.

(54) において (a) → (b) という下方含意が成立するかどうかを考えるために，(55) の図を見よう．

(55)　alive ←--------- A ---- 0 ----------------→ dead

(55) は，「生死の度合い」を数直線として表したモデルである．0 は生死の境を表し，数値が 0 よりも大きい状態は生存 (alive) 状態であり，0 よりも小さい状態は死亡 (dead) 状態である．また，数値が 0 よりも大きくなればなるほど生存の度合いが大きい (= 元気である) ことを示し，0 よりも小さくなればなるほど生きている状態からの乖離がある (たとえば，0 よりも少し小さい値は，たった今死亡した状態，0 よりもかなり小さい値は，骨になってしまっている状態など)．A は歩行可能状態の最低レベルを表す．このモデルでは，(54a) は (56) のように表される．

(56)　$0 < h, \ 0 - h \leq d$ （h は彼の状態を表す数値．d は十分小さい一定の数値）

(56) が成立している場合，(54b) を推論することができるであろうか．(54b) は，(57) の主張をしている．

(57)　$A - h \leq d$

(55) の図からわかるように，$A - h$ は d より大きくなる可能性があるため，(56) は (57) を含意しない．また，alive は ambulatory よりも上位の概念である．したがって，(54a) → (54b) という下方含意は成立しないことがわかる．

almost と似た意味を持つ barely を考えてみよう．

(58) a. He's barely alive.
 b. He's barely ambulatory.

(58)では，(a) → (b) が成立する(かろうじて生きてる状態であれば，歩行ができるとしても，それはやっとのことであるはずである)．したがって，barely は下方含意を許す．このことにより，(59)の容認可能性が予測できる．

(59) He barely spoke to *anyone*.　　　　　　(Horn 1995, 174)

このように，下方含意に基づく Ladusaw の説明は，NPI に関するさまざまな現象を，厳密な意味的計算によって予測することができる．もしこの方向が正しければ，否定性・肯定性という極性を厳密に規定できることになるであろう．

3.1.3　等位接続と下方含意・上方含意

下方含意・上方含意という概念は，否定的な内容の文，肯定的な内容の文という概念を厳密に捉えることができ，NPI の分布を説明するうえで有意義なものであるが，それにとどまらず，等位接続に関する制約を説明するうえでも有意義であることが観察されている（Barwise and Cooper 1981）．次の等位接続を見よう．

(60) a. A man and three women could lift this piano.
 b. Several men and a few women could lift this piano.
(61) a. No men and few women could lift this piano.
 b. No violas or few violins are playing in tune.

$[[Q\ N']_{NP}\ VP]$ の文において，量を表す Q の場所にある不定冠詞の a(n)，数詞，several, a few は，VP を MI 環境にする要素である．それに対し，no, few は，VP を MD 環境にする要素である．これをふまえて (60), (61) を見ると，(60) は MI 限定詞どうしを等位接続したものであり，(61) は MD 限定詞どうしを等位接続したものであり，どちらも容認

可能になっている．これに対して，含意関係の方向（monotonicity）が異なる限定詞どうしを等位接続することはできない．

(62) a. *Few women and a few men could lift this piano.
b. *Two violas and few violins are playing in tune.

(62a)はMD＋MI，(62b)はMI＋MDという組み合わせになっており，いずれも容認不可能である．(62)が容認不可能であるのは，それが表す状況が不自然であるからではない．(63)のように，文の等位構造にすれば可能である．

(63) a. Few mathematicians have worked on natural language conjunction and a few linguists have — so I don't think you have the right to make these unfounded statements.
b. When two violas are playing in tune and few violins are, Berlioz begins to sound like Penderecki.

3.1.4 倒置現象と下方含意・上方含意

次の例を見よう．

(64) a. Never have I seen such a crowd.
b. Under no conditions are the coreferents clause mates.

(64)の文では，副詞句が前置され，それにともなって倒置が起こっている．下方含意を認可する句は倒置を誘発するが，上方含意を認可する句は，倒置を誘発しないことが観察できる．(65)の文頭の句は，すべて下方含意を認可し，(66)の文頭の句は，上方含意を認可するものである．

(65) a. Rarely do students practice every day.
b. Seldom did we eat spinach.
c. Little did John realize that it was a precious lesson in science.
(66) a. *Sometimes do I visit Nancy.
b. *Usually does John walk to school.

このように，上方含意・下方含意は，NPI の分布の説明のみならず，等位接続の制約や倒置現象の説明のためにも必要になる概念である．

3.2 否定的環境の強弱

下方含意仮説は，さまざまな研究によってさらに精密化されている (cf. Heim 1984; Hoeksema 1986; Krifka 1995; van der Wouden 1997; Zwarts 1998; etc.)．van der Wouden (1997) によると，否定的環境には，強さの程度によっていくつかのタイプがあり，各タイプに属する否定表現の関係を集合として図示すると，(67) のようになる．

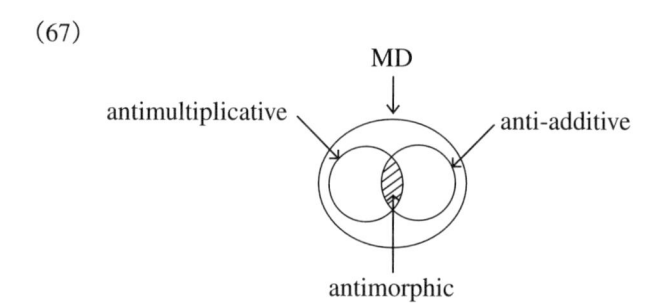

(67)

       MD
antimultiplicative ↓ anti-additive

     antimorphic

最も弱い否定が MD であり，下方含意を許す環境である．これを形式化すると，(68) のようになる．

(68) MD: $F(X \subseteq Y) \to F(Y) \subseteq F(X)$

F は，上位集合 Y から下位集合 X への推論を認可する関数として表されている．これは，下方含意を許す at most や few などに相当する．

anti-additive は，MD にさらに条件を課した，さらに強い制限に従う否定表現であり，(69) のように表すことができる．

(69) anti-additive: $F(X \cup Y) = F(X) \cap F(Y)$

(69) を (70) で見てみよう．

(70) a. No girl sings or dances. [$F(X \cup Y)$]

b. No girl sings and no girl dances　　［F(X)∩F(Y)］

(70)で，(a) → (b)，(b) → (a)の両方が成立することは明らかである．つまり，F(X∪Y) → F(X)∩F(Y)とF(X)∩F(Y) → F(X∪Y)が成立する．したがって，noを含む表現は，anti-additiveである．(F(X∪Y)⊆F(X)∩F(Y)という片方向の含意が成立しているだけでは，MDにしかならない．⇒ (76b))

　次に antimultiplicative を見よう．

　(71)　antimultiplicative: F(X∩Y) = F(X)∪F(Y)

(71)を(72)で例示しよう．

　(72)　a. Not every girl sings and dances.　　［F(X∩Y)］
　　　　b. Not every girl sings or not every girl dances.　［F(X)∪F(Y)］

(72a)は，「すべての女子が sing かつ dance するわけではない」と述べている．すなわち，sing はするが dance はしない女子が存在するか，dance はするが sing はしない女子が存在するか，(あるいは，その両方)が成立している．すなわち，(72a) → (72b)が成立する．

　次に，(72b)が成立していると仮定してみよう．(72b)では，「すべての女子が sing するわけではない」か「すべての女子が dance するわけではない」かの，どちらかの事態(あるいは両方)が成立していると述べている．仮に，前者の「すべての女子が sing するわけではない」が成立しているとすれば，(72a)は当然成立する．後者の「すべての女子が dance するわけではない」が成立しているとすれば，この場合にも(72a)は成立する．どちらの選択肢をとっても(72a)は成立するので，(72b) → (72a)が成立する．したがって，not every は，antimultiplicative 特性を持つと言える．(F(X)∪F(Y)⊆F(X∩Y)という片方向の含意が成立しているだけでは，MDにしかならない．⇒ (76c))

　最後に，antimorphic を見よう．

　(73)　antimorphic: (F(X∪Y) = (F(X)∩F(Y))) & (F(X∩Y) =

$(F(X) \cup F(Y)))$

(73) を (74),(75) で例示しよう.

(74) a. John doesn't smoke or drink.
b. John doesn't smoke and he doesn't drink.
(75) a. John doesn't smoke and drink.
b. John doesn't smoke or he doesn't drink.

(74) で,(a) → (b),(b) → (a) が成立することは明らかである.したがって, not は anti-additive 特性を持つ.また,(75) で,(a) → (b),(b) → (a) も成立する.したがって, not は antimultiplicative 特性を持つ.したがって, not は antimorphic である.

Zwarts (1998, 214) は, MD に関して,(76) の (a), (b), (c) がすべて等価であるという重要な指摘をしている.

(76) a. F is monotone decreasing (MD).
b. $F(X \cup Y) \subseteq F(X) \cap F(Y)$
c. $F(X) \cup F(Y) \subseteq F(X \cap Y)$

本書では,第4章で any の分布を説明するさいに,(76b) の性質を多用することになる.

MD, anti-additive, antimultiplicative, antimorphic という否定的特性に対応する形で,それぞれの肯定的特性も定義されている.(これについては, Zwarts (1998), van der Wouden (1997) を参照のこと.)

3.3 Monotonicity の種類と NPI の分布

van der Wouden (1997) は, Zwarts に従い, monotonicity の種類と NPI の分布について次のような観察をしている.

(77) a. any のような弱い NPI は, MD 環境に生じる.(したがって, anti-additive, antimorphic 環境にも生じる.)
b. yet のような中間の強さを持つ NPI は, anti-additive 環境に生じる.(したがって, antimorphic 環境にも生じる.)

　　　　c. a bit のような強い NPI は，antimorphic 環境にしか生じない．

　(77) の観察は，NPI の性質が強くなればなるほど，より強い否定環境に生じるという直観を，厳密な意味論的概念で捉えたものと考えることができる．(77) は，次のような事実によって確証される（van der Wouden 1997, 141）．

　(78) MD の at most
　　　a. At most three linguists have talked about *any* of these facts.
　　　b. *At most three linguists have talked about these facts *yet*.
　　　c. *At most three linguists were *a bit* happy about these facts.
　(79) anti-additive の no
　　　a. No one talked about *any* of these facts.
　　　b. No one has talked about these facts *yet*.
　　　c. *No one was *a bit* happy about these facts.
　(80) antimorphic の not
　　　a. Chomsky didn't talk about *any* of these facts.
　　　b. Chomsky didn't talk about these facts *yet*.
　　　c. Chomsky wasn't *a bit* happy about these facts.

3.4　Monotonicity の種類と PPI の分布

　monotonicity と英語の肯定極性表現（PPI）の関係については，事実がはっきりせず，そこから明確な結論は得られないようであるが，(81) のような一般化は可能である．

　(81)　英語の PPI は，anti-additive よりも強い否定環境には生じにくい．

これは，次のような例によって確証される．

　(82) MD の few
　　　a. ?Few people ate *some* of the soup.

　　　　b. Few people have *already* finished the exam.
　　　　c. Few people *would rather* be in Cleveland.
（83）　anti-additive の no
　　　　a. *No one ate *some* of the soup.
　　　　b. *No one has *already* finished the exam.
　　　　c. *No one *would rather* be in Cleveland.
（84）　antimorphic の not
　　　　a. *Someone hasn't eaten *some* of his soup.
　　　　b. *John hasn't *already* finished the exam.
　　　　c. *John *would*n't *rather* be in Cleveland.

例文の判断は Ladusaw によるものとして，van der Wouden (1997, 142) があげているものである．すべて，PPI が否定の作用域内にあるものとしての判断であることに注意．また，monotonicity と NPI, PPI の関係については，吉村 (1999) がさらに詳細に研究している．

3.5　Monotonicity の種類と NPI / PPI の強弱

　monotonicity の種類と NPI / PPI の強弱に基づいて NPI / PPI の分布を説明しようとする研究は，正しい方向を向いていると思われるが，最終的には，特定の NPI / PPI がそもそもなぜ特定の強さを持つのか，そして，その NPI / PPI がなぜ特定の monotonicity を要求するのかという点が解明されなければ，真の説明とはならない．たとえば，any がなぜ弱い NPI であるのか，そして，budge an inch がなぜ any よりも強いのか，などの問題である．この根本的問題を解くためには，NPI / PPI に対して「強い」「弱い」というラベル付けをしているだけでは不十分である．特定の NPI / PPI が，なぜ特定の否定環境 / 肯定環境に生じやすいのかを，その NPI / PPI の固有の意味から予測できれば，根本的問題の解決にさらなる一歩を踏み出したことになるだろう．第 4 章では，1 つのケース・スタディとして any を取り上げて詳細に分析するが，その前に，下方含意仮説にとって大きな問題となりそうな現象を指摘し，それに対する解決案を示しておきたい．

3.6 下方含意仮説の問題点

次の (85) では，any は生起できない．

(85) *Every boy has *any* potatoes.

これは次のように説明できる．

(86) a. Every boy swims.
b. Every boy moves.

(86) では，(a) → (b) は成立するが，(b) → (a) は成立しない．したがって，every は VP に関して MI であり，MD ではない．したがって，(85) の any は，下方含意仮説により排除される．

しかし，この説明にとっては，次のような文が問題となる．

(87) *It is not the case that every boy has *any* potatoes.

(87) の補文の monotonicity を計算してみよう．

(88) a. It is not the case that every boy swims.
b. It is not the case that every boy moves.

(88) では，(b) → (a) は成立するが，(a) → (b) は成立しない(すべての少年が動くという事態が成立していないということは，動かない少年が少なくとも何人かはいるということである．その少年は，当然，泳がないはずである．したがって，(b) → (a) が成立する．逆に，すべての少年が泳ぐという事態が成立していないとしても，泳がない少年は何らかの他の動きをする可能性があり，(a) → (b) は成立しない)．したがって，(87) においては，補文の VP の部分は MD 環境であり，MI 環境ではない．したがって，下方含意仮説は，(87) を容認可能であると予測してしまう．

同様のことは，if 節についても言える．3.1.2 節の (36) で見たように，if 節の中は，MD 環境である．このことをふまえて，(89) を見てみよう．

(89) a. If you do not buy a Toyota, you'll be fired.

b. If you do not buy a Corolla, you'll be fired.

トヨタ車を買わなければ首になる状況で，ある人がカローラを買わなかったとしたら，その人は首になるであろうか．その人が，カローラではなくクラウンを買ったとすれば，首にはならない．したがって，(89a)が真であるとしても，(89b)が真であるとはかぎらない．つまり，(89a) → (89b)は成立しない．こんどは逆を考えてみよう．カローラを買わなければ首になるという状況で，ある人がトヨタ車を買わなければ首になるであろうか．トヨタ車を買わないということは，トヨタ車の一車種であるカローラも買わないことを意味する．したがって，その人は確実に首になる．つまり，(89b) → (89a)は成立する．このように，否定されたif節の中はMI環境であり，MD環境ではないことがわかる．しかし，予想に反して，否定されたif節内にNPIは自由に生じる．

(90) a. If John does not eat *anything*, he will be punished.
b. If there is not really *any* such constraint, why do so many sentences sound so odd?

同様のことがeveryについても言える．すでに見たように，数量詞everyを先行詞に持つ関係節内は，MD環境である (⇒ 3.1.1 (20))．しかし，それが否定されるとMI環境になる．(91)で検証してみよう．

(91) a. All students who did not eat green vegetables were absent.
b. All students who did not eat spinach were absent.

緑色野菜を食べなかった学生がすべて休んだとしても，ほうれん草を食べなかった学生がすべて休んだかどうかはわからない．なぜなら，ほうれん草を食べないでキャベツを食べた学生は，休まなかったかもしれないからである．したがって，(91a) → (91b)は成立しない．これとは逆に，ほうれん草を食べなかった学生がすべて休んだとすると，ほうれん草を食べなかった学生の中に緑色野菜を食べなかった学生がすべて含まれているので，(91b) → (91a)は成立する．このように，普遍数量詞（every, all）の関係節内が否定されると，MD環境ではなくなり，MI環境になる．し

かし，依然として (92) のように NPI が生じうるのである．

(92) All students who has not read *anything* about Chomsky were absent.

このことから，2 つの MD 表現が並列すると，お互いを打ち消しあい，結局 MI 環境になってしまうということがわかる．

　at most についても同様である．すでに見たように，at most は VP に関して MD 環境である ($\Rightarrow$ 3.1.1 (24))．しかし，否定されると monotonicity が逆になる．(93) を見よう．

(93) a. At most three girls did not move.
　　 b. At most three girls did not dance.

(93) で，(b) → (a) は成立するが，(a) → (b) は成立しない（女子が g 人いるとする．その中でダンスをした女子を d 人とし，動いた女子を m 人とする．(93b) が真とすると，$g-d \leq 3$ である．また，ダンスをした女子は，動いた女子の中に含まれるので，$d \leq m$ である．したがって，$g-m \leq 3$ が成り立ち，(93a) も真となる．逆に，(93a) が真であるとすると，$g-m \leq 3$ である．また，$d \leq m$ である．このとき，$g-d \leq 3$ は必ずしも成り立たない）．したがって，(93) のような文では，その VP が MI 環境であり，MD 環境ではない．しかし，次の文は可能である．

(94) At most three girls did not eat *anything*.

このように，偶数個の MD 演算子がある場合，その否定性が互いに打ち消されて，全体として MI 環境になってしまい，NPI の分布を下方含意で説明するうえで問題となる．したがって，(95) のような制約が必要となる (von Fintel (1997) も参照)．

(95) 含意計算の局所性条件
　　 a. monotonicity は，表層文ではなく，LF で決定される．
　　 b. monotonicity は，当該 NPI から最も近い演算子によって決定される．

次のような例も，(95) の局所性条件によって説明できる．

(96) a. If he knows *anything* about logic, he will know Modus Ponens.
　　 b. If he *lifts a finger*, fire him.
(97) a. If he doesn't know *anything* about logic, he will know Modus Ponens.
　　 b. If he doesn't *lift a finger*, fire him.

(96) では，NPI の anything, lift a finger は，if によって認可される．(97) では，それらは not によって認可される．すなわち，(95b) により，最も近い演算子によって認可される．

　さらに，次の文を考えてみよう．

(98) a. *John didn't give every charity *any* money.
　　 b. *John never reads many books which have *any* pages missing.
　　 c. *I don't think that every boy has *any* potatoes.

これらは，概略，(99) の型の LF を持つ．

(99)　NOT (Quantifier ($_\alpha$ ... any ...))

(95) により，α の部分の monotonicity は，すぐ近くの Quantifier (数量詞) によって決定されることになる．そこで，(100) を考えてみよう．

(100) a. John gave every student a car.
　　　b. John gave every student a red car.

(100) で，(a) → (b) は成立しないが，(b) → (a) は成立する．many に関しても同様である．すなわち，every, many は，その作用域に関しては MI 演算子であるから，NPI を認可しないと言える．したがって，(98) は容認されない．

　最後に，(101) のように if only を含む構文を考えてみよう．

(101) a. If only John were here, I'd feel happier.

b. If Bill had only behaved decently, he wouldn't have been arrested.

[if only p, q] の構文で，p の monotonicity を計算してみよう．まず，p の部分が次のような LF を持つと仮定しよう．

　（102）　IF [$_\alpha$ ONLY [$_\beta$ John had loved a woman]], ...

monotonicity 計算の局所性の原則により，考慮の対象となるのは α の部分である．

　（103）　[$_\alpha$ ONLY [$_\beta$ John had loved a woman]]

(103) は，β という事態が成立しているにすぎない（ほかに成立している事態はない）ということを表している．β の monotonicity を (103) と (104) を用いて計算してみよう．

　（104）　[$_\alpha$ ONLY [$_\beta$ John had loved Mary]]

(103) → (104) は成立しない（John が 1 人の女性を愛しているという事態だけが成立しているということからは，John が Mary を愛しているという事態しか成立していないという推論はできない．John は，Lucy を愛しているかもしれないからである）．逆に，(104) → (103) は成立する（John が Mary を愛しているという事態以外の事態は成立していないのであるから，John が 1 人の女性を愛しているという事態以外の事態は成立していないのは明らかである（⇒ 4.5.1））．したがって，β は MI 環境であり，MD 環境ではない．このことから，次の文が説明できる．

　（105）　a. If only John had said {*something* / *anything}, we'd know what was going on.
　　　　　b. If {*someone* / *anyone} would only explain the theory of relativity to me, I could pass the test easily.
　　　　　　　　　　　　　　　　　　　　　　(R. Lakoff 1969, 612)

MI 環境に NPI は生じないので，(106) で any を含む文は許されない．

第4章 Any の 研 究

まず，次の文を見てみよう．

（1） a. I don't like *anything* here.
　　　 b. If you see *anything*, scream.
（2） a. My goat can eat *anything*.
　　　 b. *Any* child can do it.

通常，(1)のような文に生じる any は，否定極性表現（NPI）とされ，(2)のような文に生じる any は，自由選択の any (free-choice *any*) とされる．否定極性表現の any と自由選択の any が同一のものか，別のものかについては，意見が分かれる．さらに，それが同一のものであるとしても，存在数量詞（existential quantifier）なのか，普遍数量詞（universal quantifier）なのかについても意見が分かれる．

　本書では，any は基本的に 1 つであると主張する．さらに，any が表す固有の意味について，新しい提案をする．ここで提案する any の意味は，いわゆる NPI としての any と自由選択の any を統一的に説明できるのみならず，そもそも，any がなぜ MD 環境で生じるのかという根本的な問題に関して説明を与えることができるものである．

4.1　1 つの **Any** か，2 つの **Any** か

　any は 1 つであるとする考え方には，次のような反論がある．LeGrand (1974) は，Horn (1972) による次のような議論を紹介している．

　まず第一に，NPI の any は there 構文での言い換えが可能であるのに

対し，自由選択の any は，そのような言い換えが不可能である．

（3） a. John didn't see *anyone*.（NPI）
 = There isn't *anyone* that John saw.
 b. If you see *anyone*, scream.（NPI）
 = If there's *anyone* that you see, scream.
（4） My goat can eat *anything*.（自由選択）
 ＊There's *anything* that my goat can eat.

このように，2つの any は，there 構文での書き換えに関して異なる振る舞いをする．この相違は，1つの any の立場では説明しにくいとされる．

　第二に，二義性に関する議論がある．(5)の文は二義的であり，(6a)と(6b)の読みを持つ．

（5） If *anyone* can swim the English Channel, I can.
（6） a. If everyone can swim the English Channel, I can.
 = ($\forall$x (x can swim)) → (I can swim)
 b. If one person can swim the English Channel, I can.
 = $\exists$x (x can swim → I can swim)

Horn によれば，(6a)は自由選択の any であり，(6b)は NPI の any である．そして，それぞれ，$\forall$ と $\exists$ に対応している．この二義性は，1つの any では説明しにくい事実であるとされる．

　第三に，共起制限に基づく議論がある．(7)，(8)を比較してみよう．

（7） You can invite {absolutely / almost} *anyone*.
（8） a. ＊I don't like {absolutely / almost} *anyone*.
 b. ＊If you see {absolutely / almost} *anyone*, scream.

(7)のように，自由選択の any は absolutely や almost と共起できるが，(8)のように，NPI の any にはそれができない．

　まず，第一の議論に関して，LeGrand (1974) は，(4)で there 構文による言い換えができないのは，any 自体に問題があるのではなく，can と any の相互関係に原因があると指摘している．(3)の文では，any はもと

の文でも there 構文でも，not や if の作用域内にあるのに対し，(4) のもとの文では，any は can の作用域内にあるのが，there 構文では can の作用域内にない．したがって，(4) の there 構文では any は認可されず，容認不可能となる．この説明が妥当であることは，同様の現象がいわゆる NPI の any にも見られることからも確証される．

(9) *There is *anyone* that John didn't see.

(9) からわかるように，いわゆる NPI の any も，there 構文に言い換えた場合，not の作用域外にあれば，(4) の場合と同様に容認されない．

第二，第三の議論に関しても，4.2 節で述べるように，別の説明も可能であるので，これらは 2 つの any を証明する議論にはならない．それゆえ，Horn があげている現象から，2 つの any があると結論づけることはできないと思われる．

これに対して，NPI の any と自由選択の any が同一の振る舞いをするという，1 つの any の考え方を支持する観察がある．まず，(10a–c) からわかるように，いずれの any も at all と共起可能である．

(10) a. I don't like *anyone at all*.
　　　b. If you see *anyone at all*, scream.
　　　c. My goat can eat *anything at all*.　　(LeGrand 1974, 394)

第二に，どちらの any も，遊離数量詞化 (Q-Float) を許さないという共通点がある．

(11) a. I didn't see *any* of them.
　　　b. *I didn't see them *any*.
(12) a. I can see *any* of them.
　　　b. *I can see them *any*.　　　　　　　　　　　　(*ibid.*)
　　　　(I saw them *all*. は可能)

第三に，どちらの any も，除外の意味の but を許容する点で同じである．

(13) a. If you see *anyone* but John, scream.

  b. My goat can eat *anything* but oysters. (*ibid.*)

第四に，どちらの any も，whatsoever を許容する点で同じである．

(14) a. Arabella didn't talk to *anybody whatsoever*.
   b. *Anybody whatsoever* can come to the meeting.
                (Zwarts 1995, 294)

 以上のような事実は，1つの any の考え方を支持しているように思われる．次節では，この1つの any が持つ意味が何であるのかを検討する．

4.2 Any の意味

 話者が，聞き手に (15) のような発言をした場合，どのりんごを取るかは，完全に聞き手にまかされている．

(15) You can take *any* of the apples.

この意味で any は，「選択の自由」(Vendler 1967)，あるいは「任意性」を表している．選択の自由や任意性は，義務や命令とは相容れないので，次の例は容認できない．

(16) a. *I {ordered / forced / compelled} him to take *any*.
                (Vendler 1967, 80)
   b. *You must pick *any* card. (Tovena 1998, 210)

次の現象も，これと類似したものであると思われる．

(17) a. B.A. is sufficient for the job.
   b. B.A. is required for the job.

(17a) では，B.A.（文学士）がその仕事に対する十分条件であることを述べているのに対し，(17b) では，B.A. がその仕事に対する必要条件であることを述べている．ここで，(17) の主語句を (18) のように，離接接続表現 (or で接続された表現) で置き換えてみると，重要な相違が現れる．

(18) a. B.A. or S.B. is sufficient for the job.

b. B.A. or S.B. is required for the job.

(18a) では，その仕事をするためには，B.A. の資格でも S.B.(理学士) の資格でも，どちらでもよいと述べている．それに対し (18b) では，その仕事のためには，B.A. か S.B. かのどちらか(あるいは両方でもよい)が必要であることを述べている．したがって，(18a) は (19a) と等価であり，(18b) は (19b) と等価である．

(19) a. B.A. is sufficient for the job and S.B. is sufficient for the job.
b. B.A. is required for the job or S.B. is required for the job.

換言すれば，名詞句が離接接続され，「どちらでもよい」という任意性を表す (18a) は，文の等位接続として言い換えられるが，名詞句が離接接続され，任意性を表さない (18b) は，文の等位接続ではなく，文の離接接続としてしか言い換えができないことがわかる．そして興味深いことに，any は (18a) の主語としては生じるが，(18b) の主語としては生じない．

(20) a. *Any* amount is sufficient.
b. ?*Any* amount is required.　　　　　(König 1991, 104)

任意性を表す他の文においても，「離接接続の名詞句を含む文＝等位接続の文」という関係が成り立つ．たとえば (21a)，(22a) は，それぞれ，(21b)，(22b) の意味を持つことができる．

(21) a. Mary or Sue could tell you that.
b. Mary could tell you that and Sue could tell you that.
(22) a. I would dance with Mary or Sue.
b. I would dance with Mary and I would dance with Sue.

そして，この環境に any が生じることができる．

(23) *Any* lawyer could tell you that.
(24) I would dance with *anybody*.
　　　　　　　　　　　(Kadmon and Landman 1993, 354)

このような事実から本書では，any は，その固有の意味として (25) を持つと主張する．

(25) any の意味：any X = x_1 or x_2 or ... or x_n (ただし，X = \{x_1, x_2, ..., x_n\})
any の使用条件：P (x_1) and P (x_2) and ... and P (x_n) が成り立つ．(P = proposition)

たとえば any student は，学生である人物すべてを離接接続した集合を表す．そして，any student を適切に使用するためには，すべての学生について当該の命題が真でなければならないということになる．

この考え方によると，たとえば (24) の意味は (26) のように記述できる．

(26) I would dance with x_1 or x_2 or ... or x_n. (\{x_1, x_2, ..., x_n\} = a set of people)

(22) で見たように，(26) の環境で，離接接続の名詞句を含む文は等位接続の文と等価の意味を持ちうるので，(26) は (27) と等価になりうる．

(27) I would dance with x_1 and I would dance with x_2 and ... and I would dance with x_n.

このように，(24) では any の使用条件 (25) が満たされるため，any の使用が容認される．

同様に，(20a) は (28) のように記述できる．

(28) x_1 or x_2 or ... or x_n is sufficient. (\{x_1, x_2, ... x_n\} = a set of amounts)

(18a) と (19a) で見たように，sufficient の場合，離接接続の名詞句を含む文は等位接続の文で言い換えられるので，(28) は (29) と等価である．

(29) x_1 is sufficient and x_2 is sufficient and ... and x_n is sufficient.

ここでも，any の使用は (25) を満たしているので，(20a) は容認される．

では，(20b) はどうであろうか．(20b) は (30) のように表される．

(30)　x_1 or x_2 or ... or x_n is required.

この場合，(18b) と (19b) で見たように，(30) は (31a) と等価であるが，(31b) とは等価ではない．

(31)　a.　x_1 is required or x_2 is required or ... or x_n is required.
　　　b.　x_1 is required and x_2 is required and ... and x_n is required.

したがって，(20b) の文は any の使用条件に合わず，容認されない文となる．

(16) の義務や命令の例にも，同様の説明を与えることができる．must の例に離接接続の名詞句を代入してみると，(32) の言い換えは (33a) であり，(33b) ではない．

(32)　You must take the apple or the orange.
(33)　a.　You must take the apple or you must take the orange.
　　　b.　You must take the apple and you must take the orange.

このように，must を含む文には，選択の自由（＝離接接続の選択肢のすべてについて当該命題が成り立つという性質）がなく，any の意味条件が満たされない．したがって，容認されない．

ここで，上で見た Horn の観察に戻ってみよう．まず，(5) の文の二義性について考えてみよう（例文再録）．

(5)　If *anyone* can swim the English Channel, I can.

これを考えるために，まず次の文を見てみよう．

(34)　If John or Tom can swim the English Channel, I'll be surprised.

(34) の文は，(35a) と (35b) の読みを持つことができる．

(35)　a.　If [John can swim the English Channel and Tom can swim the English Channel], I'll be surprised.

b. [If John can swim the English Channel, I'll be surprised] and [if Tom can swim the English Channel, I'll be surprised].

(35a) と (35b) は，and が何を接続しているかという点で異なっており，その異なり方は，(6a) と (6b) の異なり方と平行的である．((35a) は (6a) と平行的な解釈を持ち，(35b) は (6b) と平行的な解釈を持つ．) いずれも，離接接続の名詞句を含む文が，等位接続の文に言い換えられることを示している．このことから，any の使用が認可され，しかも，(5) が二義的になることも説明できたことになる．

次に，absolutely / almost がかかわる (7)，(8) の現象を考えてみよう (例文再録)．

(7) You can invite {absolutely / almost} *anyone*.
(8) a. *I don't like {absolutely / almost} *anyone*.
b. *If you see {absolutely / almost} *anyone*, scream.

この相違を説明するために，まず，absolutely / almost について考えよう．よく知られているように，absolutely / almost は，尺度の両端にある要素を修飾することができる．

(36) a. John likes {absolutely / almost} every woman.
b. I like absolutely none of his pictures.
c. There is almost no one who I like.
(37) a. *John likes {absolutely / almost} some women.
b. *There are {absolutely / almost} several women who I like.

(36) の every は 100% を表し，no は 0% を表しており，どちらも量の尺度の両極を表すが，(37) の some や several は，両極の間の値を表している．ここでたとえば，(36a) から absolutely / almost を除いた部分を，(any と平行的に) (38) のように考えてみよう．

(38) John likes a woman$_1$ and John likes a woman$_2$ and ... John likes a woman$_n$.

（簡素化のために，以後，このような等位接続命題を，AND (John likes a woman$_i$) のように表すことにする．）このように考えると，absolutely は，すべての命題が真であることを強調する機能を持つと言えよう．したがって，(36a) の absolutely を持つ文の意味は，(39) のように表される．

(39) ABSOLUTELY TRUE (AND (John likes a woman$_i$))

同様に，(36b) の意味は (40) のように表すことができる．

(40) ABSOLUTELY FALSE (AND (I like his picture$_i$))

ここで，absolutely と否定の相互関係を見てみよう．

(41) a. I absolutely don't hate him.
  b. I don't absolutely hate him.   (LeGrand 1974, 394)

(41a) は，彼に対して嫌悪感をまったく感じないということを表している．それに対して，(41b) は，完全に嫌っているわけではないということを表している．つまり，ABSOLUTELY (NOT) は，NOT (ABSOLUTELY) とは異なる内容を表す．

次に，absolutely と can の相互関係を見てみよう．

(42) a. You can invite absolutely *anyone*. (CAN (ABSOLUTELY))
  b. Absolutely *anyone* can be invited. (ABSOLUTELY (CAN))

(42a) と (42b) は，(真理値的には) 同じ意味を表している．つまり，CAN (ABSOLUTELY) という作用域の関係は，ABSOLUTELY (CAN) という作用域の関係と同じである．言い換えれば，can と absolutely は，相互の作用域に自由に入りこむことができるが，not と absolutely の場合には，そのようなことができないということである．

これらのことを前提として (7)，(8a) を見ると，(7)，(8a) はそれぞれ，(43)，(44) のような意味を表している．

(43) ABSOLUTELY TRUE (AND (CAN (you invite x$_i$)))
(44) ABSOLUTELY TRUE (AND (NOT (I like x$_i$)))

(7) の文では，absolutely は can の作用域の中にある．しかし，この can > absolutely という作用域の関係は，absolutely > can という作用域の関係と同じなので，(7) は (43) の意味を持つことができ，容認される．それに対して，(8a) の文に見られる not > absolutely という作用域の関係は，absolutely > not とは異なるので，(8a) は，それが本来持つはずの意味である (44) の意味を持てない．このことから (8a) が容認されないものと思われる．

　以上のような観察から，2 種類の any とされていたものは，実は 1 種類であり，それは NP の離接接続の意味構造を持ち，命題の等位接続を要求する要素であると言うことができる．

4.3　他の証拠

　この節では，any の意味として 4.2 節で提案した (25) の妥当性を示す証拠を，さらに見ることにする．

　第一に，not を含む文 (45) を見てみよう．

(45)　John didn't eat *anything*.

これが any の意味と合致していることは，次の例からわかる．

(46)　a.　John didn't eat spinach or lettuce.
　　　b.　John didn't eat spinach and John didn't eat lettuce.

(46a) は，(46b) と論理的に等価である．すなわち，not を含む文では，名詞句の離接接続を含む文は，文の等位接続と等価である．したがって，(25) の any の意味条件と合致し，(45) が容認される．同様の例として (47) を見よう．

(47)　No one said *anything* at the meeting.
(48)　a.　No one ate spinach or lettuce.
　　　b.　No one ate spinach and no one ate lettuce.

(48a) と (48b) は論理的に等価であり，したがって any の使用が認可さ

れる．
　第二に，if を含む文を考えて見よう．まず，[if p, then q] の p の部分を考えよう．

(49) a. If you steal John's bicycle or Mary's, you'll be arrested.
b. [If you steal John's bicycle, you'll be arrested] and [if you steal Mary's, you'll be arrested].

(49a) は，John の自転車でも Mary の自転車でも，どちらを盗んでも逮捕されるという読みがある．したがって，その解釈において (49a) は (49b) と等価である．したがって，この環境は any の使用条件と合致し，(50) のような文が可能となる．

(50) If you steal *any* food, you'll be arrested.

次に，[if p, then q] の q の部分を考えて見よう．

(51) If Mary comes to the party, John will eat spinach or lettuce.

(51) は，Mary がパーティに来たら，John はほうれん草かレタスを食べるだろうと述べている．(51) は，(52a) とは等価であるが，(52b) とは等価ではない．

(52) a. [If Mary comes to the party, John will eat spinach] or [if Mary comes to the party, John will eat lettuce].
b. [If Mary comes to the party, John will eat spinach] and [if Mary comes to the party, John will eat lettuce].

したがって，(53) は容認されない．

(53) a. *If Mary comes, *anyone* will be happy.
b. *If Mary spills the beans, then *anyone* will *ever* stop us.

(本稿では詳しくはふれないが，ever についても，基本的には any と同様の意味を設定することができる．any の対象領域が基本的には物である

のに対して，ever の対象領域は時間である点で異なる．）
　第三に，比較構文を考えよう．まず，than 以下が NP である場合を考察してみよう．(54) は，or が than の作用域に含まれる読みでは，(55) と等価である．

(54)　Bill is taller than Lucy or Mary.
(55)　Bill is taller than Lucy and he is taller than Mary.

したがって，この構文は any の使用条件に合致し，(56) の容認可能性を予測する．

(56)　a.　Bill is taller than *any* girl.
　　　b.　John has more money than *anyone*.

　次に，than 以下が文である場合を見てみよう．(57) は，(58) と等価の読みを持つことができる．

(57)　She is younger than Dave assumed or Sam expected.
(58)　She is younger than Dave assumed and (she is) younger than Sam expected.　　　　　　　　　　(Hoeksema 1983, 432)

したがって，これも any の使用条件を満足する環境であり，(59) が可能である．

(59)　a.　Fido is more dangerous than *any* dog has ever been.
　　　b.　Fido is more dangerous than *anyone* believes.

　第四に，Progovac の理論にとって問題となった次のような文を考えてみよう ($\Rightarrow$ 1.5 (32))．

(60)　a.　Mary never goes out with men who have *any* problems.
　　　b.　*Mary never goes out with the man who has *any* problems.

まず，(60a) の関係節の monotonicity を調べると，(61) は (62) と等価の読みを持つことができる．

(61) Mary never goes out with men who eat fish or meat.
(62) Mary never goes out with men who eat fish and Mary never goes out with men who eat meat.

次に(60b)の関係節の monotonicity を調べてみると，(63)はそのような言い換えができないことがわかる．

(63) Mary never goes out with the man who eats fish or meat.
(64) Mary never goes out with the man who eats fish and Mary never goes out with the man who eats meat.

(63)は，問題の男性は1人しかおらず，その男性が魚か肉かのどちらかが好きであると述べている．それに対して(64)は，問題の男性は2人いて，それぞれ，魚が好き，肉が好き，と述べている．この観察から，(60a)の無冠詞複数名詞の文は，any の使用条件を満たし容認可能であり，(60b)の文は，それを満たさず容認不可能となる．

第五に，before 節を考えてみよう．before 節の中に NPI が生じることは，よく知られている．

(65) a. Before Sue punched *anyone*, she left the party.
　　　 b. Before Sue punched *anyone*, she was miserable.
　　　　　　　　　　　　　　　　　　　　　　(G. Lakoff 1972, 634)
(66) a. We arrested him before he stole *anything*.
　　　 b. John was paranoid (long) before he had *any* real enemies.
　　　　　　　　　　　　　　　　　　　　　　(Linebarger 1991, 179)

[p before q] において，q が実際に起こったかどうかにかかわらず，q の中で NPI の any が生じることができる．(65a)，(66a)では，q が起こらなかったという読みが好まれるが，(65b)，(66b)では，q が実際に起こったという読みが好まれる．そして，どちらにも any が生起しうる．

(65)，(66)が any の意味条件を満たすことを見るために，(67)を見てみよう．

(67) I will brush my teeth before I kiss Jane or Mary.

(67) で，or の作用域が before の作用域に含まれる読みを考えてみよう．私が Jane とキスをする時刻を t_J とし，Mary とキスをする時刻を t_M とし，私が歯を磨く時刻を t_B としよう．そして，仮に t_J のほうが t_M よりも早いと仮定する．（これを $t_J < t_M$ で表す．）また，(68) は，私が Jane であれ Mary であれ，どちらかにキスをすれば成立するのであるから，(68) が成立する時刻 t は，t_J か t_M の早いほうであり，上記仮定により $t = t_J$ となる．

(68)　I kiss Jane or Mary at t.

また，(67) から，$t_B < t$ である．したがって，(69) の時間関係が成り立つ．

(69)　$t_B < t_J < t_M$

したがって，(67) が真であれば (70) も真となる．（$t_M < t_J$ でも同様のことが言える．）

(70)　I will brush my teeth before I kiss Jane and I will brush my teeth before I kiss Mary.

(67) の名詞句の離接接続を含む文が，(70) のように文の離接接続で言い換えられることにより，[p before q] の q は，any の使用条件を満たすことがわかる．したがって，(65)，(66) が容認可能となる．

これとは対照的に，after では，構成素の離接接続を含む文を命題の等位接続に書き換えることができない．(71) を考えてみよう．

(71)　I will brush my teeth after I kiss Jane or Mary.

ここでも，or の作用域が after の作用域に含まれる読みを考えてみよう．上と同様，$t_J < t_M$ と仮定する．(72) が成り立つ時刻 t は，t_J か t_M の早いほうである．したがって，仮定により $t = t_J$ である．

(72)　I kiss Jane or Mary at t.

また，(71) から $t < t_B$ なので，$t_J < t_B$ である．このことから，(73) の時間関係が成り立つ．

(73)　$t_J < t_M$ & $t_J < t_B$

(73) からは，t_M と t_B の時間的前後関係は不明である．したがって，(71) が真であっても，(74) が真であるとはかぎらない．

(74)　I will brush my teeth after I kiss Jane and I will brush my teeth after I kiss Mary.

したがって，after 句は any の使用条件を満たさず，(75) は容認されない．

(75)　*John left after *anyone* arrived.

最後に，もう少し複雑な as soon as を含む文を考えてみよう．

(76)　I will leave as soon as Mary arrives.

(76) が忠実に実行されるとすれば，次のような状況が出現するであろう．

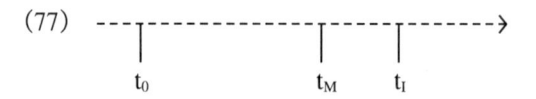

(77)

t_0　　t_M　t_I

(t_0 = 発話時，t_M = Mary の到着時，t_I = 私の出発時)

t_M と t_I は，同時か，時間差があったとしても微小である．すなわち，(78) が成り立つ．

(78)　$t_I - t_M \leq d$　(d は，許容される微小量)

したがって，(76) を発話した人が，Mary が到着してから d を超過して出発した場合，嘘をついたと責められることになる．

(76) が (78) を主張していることは，(79) が容認されないことからも確証される．

(79) *I will leave as soon as Mary arrives, or even later.

(79) が容認不可能であるのは，前半部で主張したこと（d が限りなくゼロに近い）と相反することを，後半部で述べているからであると思われる．

では，(76) を発話したにもかかわらず，事実として (80) のようになった場合はどうであろうか．

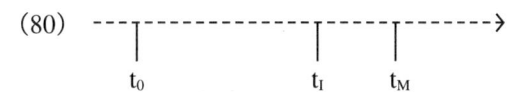

(80) ----|-------------|----|------→
         t_0 t_I t_M

(80) のように，Mary の到着時よりも話者の出発時のほうが早かった場合，話者は，嘘をついたと責められるであろうか．母国語話者の直観は，それほど明確なものではないが，d を超過した場合には，完全に嘘をついたという直観が確固としたものであることを考慮すると，嘘をついたとは言えないのではないかと思われる．この観察は，(81) の文が矛盾を含まないことからも確証される．

(81) I will leave as soon as Mary arrives, or even earlier.

(79) と異なり，(81) は容認可能である．

以上の観察から，(76) が主張しているのは，t_I が t_M よりもあまり遅れることはないということだけであり，t_I が t_M よりも先に来ることはないということまでは主張していないということがわかる．

このことをふまえて，(82) を考えてみよう．

(82) I will leave as soon as Mary or Nancy arrives.

or が as soon as の作用域内にある読みで，(82) は (83) を意味するであろうか．

(83) I will leave as soon as Mary arrives or I will leave as soon as Nancy arrives.

(82) で主張されているのは，(84) が成立したら，それと同時に，もしくは d の範囲内に，私が出発するということである．

(84)　Mary or Nancy arrives at t.

(84) が成立する時刻 t は，Mary か Nancy のどちらか早いほうが到着する時刻である．すなわち，(82) は，Mary か Nancy のどちらか早いほうが到着するのと同時か，もしくは，その時刻から d の範囲内に私が出発することを意味する．それに対し (83) は，離接接続であるから，話者は，遅く来たほうと同時に出発する可能性を排除していない．したがって，(82) は (83) を含意しない．

　こんどは，(85) を考えてみよう．

(85)　[I will leave as soon as Mary arrives]$_{p1}$ and [I will leave as soon as Nancy arrives]$_{p2}$.

現実に，事態が次のようになったとしてみよう．

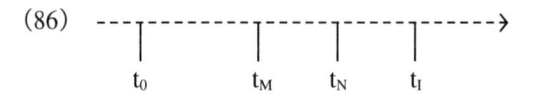

(86)　　　┬─────┬────┬────┬──────→
　　　　　t_0　　　t_M　　t_N　　t_I

　　　　(t_0 = 発話時，t_M = Mary の到着時，t_N = Nancy の到着時，t_I = 私の出発時)

(86) で，さらに次の 2 つの状況を考えてみよう．

(87)　a.　$t_I - t_M \leq d$ (この場合，当然，$t_I - t_N \leq d$ が成り立つ)
　　　b.　$t_I - t_M > d$ かつ $t_I - t_N \leq d$

(87a) の状況の場合，(85) は真である ((85) で p_1, p_2 の両方が真であるから，全体としても真である)．(82) もこの状況では真である．これに対して，(87b) の状況の場合，(85) は偽である ((85) で p_1 は偽であり，p_2 は真であるので，全体としては偽である)．同じ状況で，(82) も偽である．

　次に，現実に，事態が次のようになったとしてみよう．

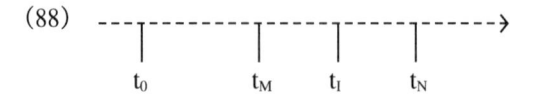

(88)　　　┬─────┬────┬────┬──────→
　　　　　t_0　　　t_M　　t_I　　t_N

(88)で，次のような状況設定を考える．

(89) 　　$t_I - t_M \leqq d$

この場合，(85)は偽ではない．つまり，真である((85)で，p_1 は真である．また，上で述べたように，p_2 も偽ではない．したがって，全体として(85)は偽とは言えない．つまり真である)．もちろん，この同じ状況で，(82)も真である．

このような観察から，(82)と(85)の真理条件がまったく同一であることがわかる．したがって，(82)と(85)は等価である．そうであれば，[p as soon as q]において，(p, q がともに発話時よりも後の場合) q の中に any が生じうると予測する．そして，事実はその予測どおりである．

(90) 　I will leave as soon as *anyone* arrives.

このように，any の意味として設定した 4.2 節の (25) は，正確に any の分布を予測することができる．

4.4　Any の意味と MD 環境との関係

ここで，any がそもそも MD 環境に生じるのはなぜかという問いに答えておこう（⇒ 3.5）．すでに 3.2 節で，(91) の (a)，(b)，(c) がすべて論理的に等価であるという，Zwarts (1998) の重要な指摘を見た．

(91) 　a.　F is monotone decreasing (MD).
　　　b.　$F(X \cup Y) \subseteq F(X) \cap F(Y)$
　　　c.　$F(X) \cup F(Y) \subseteq F(X \cap Y)$

(91)で，X と Y を名詞句とし，関数 F を NPI が生じている環境と考えてみよう．(91b) は，2 つの名詞句 X, Y の離接接続に関して F が成立すれば，X についても F が成立し，Y についても F が成立することを表している．したがって，ある環境が MD 環境であれば，それは本書で提案している any の使用条件に合致することになる．このように，any が MD 環境に生じることは，any の持つ固有の意味から論理的に帰結するこ

とがわかる．

4.5 前提を含む文と Any の分布

4.5.1 Only

まず，次の文を見よう（大文字は焦点要素を示す）．

(92) Only JOHN came to the party.

(92) で，John は only の意味上の焦点になっている．この節では，まず only の意味上の焦点になっていない部分について考察し，その後，only の意味上の焦点の部分について考察する．

any は，only の意味上の焦点要素の位置以外の部分に生じることができる．

(93) a. Only JOHN *ever* ate *anything* for breakfast.
  b. Only JOHN would speak to *anyone* so nastily.

only がこのように any や ever を認可できるということは，これまでの説明によれば，only が MD 特性を持つということを意味する．しかし，(94) で，(a) → (b) は成立しないように思われる．

(94) a. Only JOHN ate a vegetable for breakfast.
  b. Only JOHN ate spinach for breakfast.

(94a) では，John は朝食に野菜を食べたと述べていることになるが，その野菜がほうれん草である必要はなく，キャベツかもしれない．したがって，(a) → (b) は成立しないように思われる．そうであれば，only が下方含意を認可するとは言えないことになる．

このような問題が生じるのは，only が前提 (presupposition) を伴っているからである．すなわち，(95a) は (95b) を前提とする．

(95) a. Only JOHN ate spinach for breakfast.
  b. John ate spinach for breakfast.

したがって，もし (95a) で，John がほうれん草以外の野菜を食べた場合，(95a) はその前提が満たされず，真理値を持たないことになる．monotonicity 計算による理論では，ある命題が別の命題を論理的に含意するかどうかを調べる．このことが可能であるためには，両方の命題が真理値を持っていなければならない．真理値を持っていなければ，そもそも論理的含意が成り立つかどうかを調べること自体に意味がない．したがって，次のような条件を課すことは有意義である．

(96) 前提を持つ文の場合の monotonicity 計算は，その前提が満たされた場合にのみ意味を持つ．

(96) が与えられると，(94a) が (94b) を含意するかどうかという問いは，(97a) が (97b) を含意するかどうかという問いになる．

(97) a. Only JOHN ate a vegetable for breakfast.
    b. If John ate spinach, only JOHN ate spinach for breakfast.

(97a) → (97b) が成り立つことは明らかである．したがって，only は，その意味上の焦点要素以外の部分に関して，下方含意を認可すると言える．

この結論は，含意の問題とはまったく別の証拠からも確証される．すでにわれわれは，monotonicity が同一の場合には等位接続が可能であることを，3.1.3 節で見た (Barwise and Cooper 1981, 194)．

(98) a. A man and three women could lift this piano.
    b. Several men and a few women could lift this piano.
(99) a. No men and few women could lift this piano.
    b. No violas or few violins are playing in tune.

(98) では，(VP に関して) 上方含意を認可する表現が等位接続されており，(99) では，(VP に関して) 下方含意を認可する表現が等位接続されている．このように，monotonicity が同一の場合，等位接続が可能である．これに対して，monotonicity が異なる表現の場合は，but で結ばれな

ければならない．

(100) a. #few women and many men
b. few women but many men
(101) a. #most of the dogs and few of the cats
b. most of the dogs but few of the cats （Horn 1995, 164）

この現象を利用すると，only を含む句が MD の性質を持つことがわかる．(102), (103) を見よう．

(102) a. #many men and only three women
b. many men but only three women
c. #most cats and only small dogs
d. most cats but only small dogs
(103) a. no men and only three women
b. #no men but only three women
c. few cats and only toy dogs
d. #few cats but only toy dogs （*ibid.*）

(102) は，MI の性質を持つ数量詞と，only 句を含む．この場合には，等位接続において，and ではなく but を使用しなければならない．(103) は，MD の性質を持つ数量詞と only 句を含む．このときには，but ではなく and を使用しなければならない．このことから，only は，その意味上の焦点要素以外の部分に関しては，MD 特性を持つことがわかる．

　この結果は，倒置現象からも確証される．3.1.4 節で見たように，MD 特性を持つ副詞句は，前置されると倒置を誘発する．(104) からわかるように，only でも同様の現象が観察できる．

(104) a. Only on weekends did I see those students.
b. Only after they have created a bond of trust do the top sales people begin to say things that they hope will lead the customer to buy.

　次に，only がその意味上の焦点に関して，どのような monotonicity 特

性を持つかを調べてみよう．

(105) a. Only STUDENTS WHO PLAY BALLGAMES are confident.
b. Only STUDENTS WHO PLAY SOCCER are confident.

(105a) → (105b) は成立しない．球技をする学生の集合を B，自分に自信を持っている学生の集合を C，サッカーをする学生の集合を S とする．(105a) が成立していると，B ⊇ C である．また，サッカーをする学生の集合 S は，球技をする学生の集合の部分集合であるから，B ⊇ S である．この状況で，(105b) は成立しない．なぜなら，C ⊇ S ということもありうるからで，そのときには，サッカーをする学生以外にも，自分に自信を持つ学生がいることになる．それに対して，(105b) → (105a) は成立する．(105b) から，S ⊇ C であり，また B ⊇ S であるから，B ⊇ C が成り立つ．つまり，自分に自信を持っている学生は球技をする学生の部分集合であり，したがって，球技をする学生以外に自分に自信を持っている学生はいない．このように，only はその意味上の焦点に関しては，MD ではなく，MI 演算子として振る舞うことがわかる．

離接接続を含む次のような文からも，同じ結論が得られる．

(106) Only students who read Chomsky or McCawley attended my lecture.

(106) の関係節が any の使用条件を満たすためには，(106) と (107) が等価でなければならない．

(107) Only students who read Chomsky attended my lecture and only students who read McCawley attended my lecture.

(107) は矛盾文であり，(106) と等価ではない．

そうすると，下方含意仮説では (108) を容認不可能であると予測するが，実際には容認可能である．

(108) Only students who had read *anything* about Chomsky attended

my lecture.

　この問題に関しては，(108)を(109)のように分析する考え方が提案されている(von Fintel 1997)．

(109)　Only [GEN students who had read *anything* about Chomsky] attended my lecture.

(109)で，GEN は総称演算子(generic operator)である．(109)で NPI の any が認可されるのは，(110)，(111)のように，総称演算子 GEN 自体が any を認可するからである．

(110)　Students who have *any* experience in math master this course.
　　　　　　　　　　　　　　　　　　　　　　(von Fintel 1997, 23)
(111)　a.　Students who have *ever* read *anything* about phrenology are intrigued by this kind of course.
　　　　b.　Men with *any* sense avoid installment plans.
　　　　　　　　　　　　　　　　　　　　　　(Heim 1984, 104)

　このように，(108)で any を認可しているのは，only ではなく，only と共起している総称演算子であるということになる．そして，only がその意味上の焦点内の NPI 認可にかかわらないのは，3.6節(95)の含意計算の局所性による．

　この主張を支持する証拠として，von Fintel は次のような観察をしている．もし(108)の any の認可が，only ではなく，「すべて」を意味する総称演算子によるのであれば，some のような MI 特性を持つ数量詞を GEN と入れ替えた文は，容認できないはずである．そして，その予測が正しいことは，(112)によって示される．

(112)　#Only some [sm] students who had *any* experience in math mastered this course.　　(von Fintel 1997, 23)

　さらに，次の文を見てみよう．

(113)　#Members who have paid *a red cent* towards their bills can renew their membership. (*ibid.*)

(113) は，総称演算子が NPI の a red cent を認可できないという事実を示している．したがって，(113) に only を付加したとしても，文法性は向上しないと予測される．(114) からわかるように，この予測は正しい．

(114) #Only members who have paid *a red cent* towards their bills can renew their membership. (*ibid.*)

さらに，only の意味上の焦点内に GEN のような数量詞を設定できない場合は，any や ever は認可されない．

(115) a. *I only go there *EVER*.
b. *Only *EVER* have I been there.
c.?*I eat meat only WHEN I'M DEPRESSED ABOUT *ANY-THING*.
d. *Only WHEN I'M *EVER* DEPRESSED ABOUT *ANY-THING* do I eat meat. (Horn 1995, 172)
(116) *Only *ANYBODY* likes broccoli. (Progovac 1994, 149)

(115), (116) は，GEN のような数量詞を設定できる環境ではないので，any, ever は直接 only によって認可される以外に生起の可能性はない．そのような直接認可が可能であるかどうかを見るために，例として (116) を考えてみよう．(116) が only によって直接認可を受けるためには，(117a) が (117b) と等価でなければならない．

(117) a. Only JOHN OR MARY likes broccoli.
b. Only JOHN likes broccoli and only MARY likes broccoli.

(117a) では，John か Mary だけがブロッコリーを好むということを述べているのに対し，(117b) では，前半が真であれば後半は偽，後半が真であれば前半は偽である．したがって，(117b) 全体では常に偽となり，(117a) は (117b) とは等価ではない．このことから，(116) は any の使用条件を満たすことができず，容認されない (⇒ 3.6 (103), (104))．こ

のように，only の意味上の焦点内に any が生起している場合は，only 自体ではなく，総称演算子によって any が認可されることがわかる．
　only には，(118) のような限定詞用法もあり，その関係節の中で any が生起できる．

(118)　The only priest that *anyone* confided in was John.

(118) の文が any の使用条件を満たすことを見よう．まず，(119a) は (119b) を前提とする．

(119)　a.　The only priest that Mary confided in was John.
　　　　b.　There was one priest that Mary confided in.

同様に，(120a) は (120b) を前提とする．

(120)　a.　The only priest that Mary or Nancy confided in was John.
　　　　b.　There was one priest that Mary or Nancy confided in.

(120a) は，Mary もしくは Nancy（もしくは双方）から秘密を打ち明けられた牧師が 1 人おり，それが John であると主張している．このような状況が成立しているとき，(121) も成立する．

(121)　[If there was one priest that Mary confided in, then the only priest that Mary confided in was John] and [if there was one priest that Nancy confided in, then the only priest that Nancy confided in was John].

したがって，限定詞の only を先行詞に持つ関係詞の内部は，any の使用条件を満たし，(118) の any が認可される．
　このように，いくつかの独立的に動機づけられた条件が与えられると，only を含む文に出現する any も，(25) の仮説で正しく説明することができる．

4.5.2 Since

次のような since 節でも，any が生じることができる．

(122)　It's been five years since I saw *any* bird of prey in this area.
　　　　　　　　　　　　　　　　　　　　　　（von Fintel 1999, 107）

ここでも，一見，下方含意は成立しないように見える．

(123)　a.　It's been five years since I saw a bird of prey in this area.
　　　　b.　It's been five years since I saw an eagle in this area.

しかし，ここでも since 節が前提を表すことに注意しなければならない．したがって，ここでも前提を満たす形で含意計算をすると，下方含意が成り立つ．

(124)　a.　It's been five years since I saw a bird of prey in this area.
　　　　b.　If I saw an eagle five years ago in this area, it's been five years since I saw an eagle in this area.

(124) で，(a) → (b) が成立することは明らかである．したがって，(122) の any の生起が説明できる．

4.5.3 First

次の文を考えて見よう．

(125)　John was the first person who had done *anything* for me.

先行詞に first を持つ関係節の中に生じる any も，monotonicity に基づいて説明できる．(126) を見よう．

(126)　a.　John was the first person who had climbed Mt. Everest.
　　　　b.　John climbed Mt. Everest.

(126a) の文は，(126b) の前提を持つ．これをふまえて (127) を考えてみよう．

(127) John was the first person who had climbed Mt. Fuji or Mt. Iwaki.

前提を含む文の monotonicity 計算では，前提が満たされていることが必要条件であるから，ここでは，(or が first の作用域内にある読みで) (127) が (128) のように言い換えられるかどうかを考えなければならない．

(128) [If John climbed Mt. Fuji, he was the first person who had climbed Mt. Fuji]$_{P1}$ and [if he climbed Mt. Iwaki, he was the first person who had climbed Mt. Iwaki]$_{P2}$.

富士山に登った人の集合を F，岩木山に登った人の集合を I とする．(127) より，John は，集合 F∪I に最初に入った人である．その場合に (128) も成り立つかどうかを考える．(i) John∈F, John∉I である場合．John は，当然，F に最初に入った要素になる．したがって，P_1 は成立する．P_2 はどうであろうか．John∉I であるから，P_2 の前件 (つまり if 節) は成立していない．したがって，P_2 全体としては真である ([p → q] で，p が偽のときには，全体としては偽にならない．つまり，(2 値論理では) 真となる)．このように，(i) の場合には，(127) が真であれば (128) も真となる．(ii) John∈I, John∉F である場合．この場合も (i) と平行的なことが言える．(iii) John∈F, John∈I である場合．この場合には，John は，集合 =F∪I の部分集合である F∩I に最初に入った人ということになる．(ここでは，or が first の作用域内にある読みを考えていることに注意.) したがって，P_1 と P_2 の両方が真となり，全体も真である．このことから，(127) は (128) のように言い換えることができる．したがって，(125) は any の使用条件を満たし，容認される．

4.5.4 Regret / Surprise

regret / surprise タイプの動詞の補文にも，any，ever が生じることがある．

(129) a. She was surprised that there was *any* food left.

b. I'm surprised that he *ever* said *anything*.
c. John is sorry that Mary insulted *anyone*.
d. Mary regrets that she *ever* told John *anything*.

regret を含む (130) を考えてみよう.

(130) a. Bill regrets that Mary ate a green vegetable for breakfast.
b. Bill regrets that Mary ate spinach for breakfast.

regret は, その補文を前提とするので, その補文の monotonicity を計算するときには, (130a) が真のとき (131) も真であるかどうかを考察する必要がある.

(131) If Mary ate spinach for breakfast, Bill regrets that she ate spinach for breakfast.

(130a) が真である場合, Bill は, Mary が朝食に緑色野菜を食べたことを残念に思っているわけであるから, (視点の移動(後述)がないかぎりにおいて)その緑色野菜がほうれん草であったとしたら, ほうれん草を食べたことも残念に思うであろうと推論できる. したがって, regret は, その補文に関して MD 演算子として振る舞うため, (129d) が可能であると言えよう.

しかし, この議論には大きな問題点があることが指摘されている (Linebarger 1980). まず, この説明では, NPI を認可する regret タイプの述語と, NPI を認可しない glad タイプの述語を区別することができない. (132) を見よう.

(132) a. Bill is glad that Mary ate a green vegetable for breakfast.
b. If Mary ate spinach for breakfast, Bill is glad that she ate spinach for breakfast.

(132a) が真である場合, Bill は, Mary が緑色野菜を食べたのを喜んでいるわけであるから, 緑色野菜がほうれん草であったとしたら, Bill は, Mary がほうれん草を食べたことも喜ぶであろうと推測できよう. そうで

あれば，regret も glad も，その補文に関して MD 特性を示すことになり，(133) を容認可能と予測してしまい，両者を区別できないことになる．

(133) *Mary is glad that John told her *anything*.

この問題を解くために，これらの述語の性質をもう少し詳しく見てみよう．

(134) John regrets that Mary bought a car.
(135) John is glad that Mary bought a car.

(134) と (135) は，どちらも補文を前提としている．したがって，いずれの場合も monotonicity 計算時には，その前提が満たされていることが必要である．この 2 つの述語が決定的に異なるのは，主語 (John) が，補文で述べられている事態をどう思っているかという点である．regret の場合，John は Mary に対して，種類のいかんにかかわらず，とにかくどんな車も買って欲しくないと思っていたはずである．したがって，Mary が購入した車がどのようなものであっても，John は残念に思う．このことから，(134) は (136) のように言い換えられる．

(136) [If Mary bought a Toyota, John regrets that she bought it] and [if Mary bought a Honda, John regrets that she bought it] and ...

John は Mary に，トヨタ車，ホンダ車を含め，どの車も買って欲しくないと思っているので，(136) のように等位接続になる．

このような，すべての選択肢に関して否定的な期待(事態が起こって欲しくない，事態が起こらないだろうなどの期待)がない場合には，(136) のような等位接続にならない．(137) を見よう．

(137) *When I walked into his apartment, I was surprised that there were *any* pink porcupines lounging on the sofa — it never would have occurred to me that he might own a porcupine.

(Linebarger 1991, 173)

(137)では，後半部で，否定的な期待を持っていたわけではないことを述べているため，(136)のような等位接続による書き換えができず，anyの使用条件が満たされない．したがって，容認不可能となる．

　gladの場合は，JohnはMaryに，種類のいかんにかかわらず，とにかくどんな車でもいいから買って欲しいと思っていたはずである．したがって，もしMaryがトヨタ車を買った場合，Johnの願望はそれで叶うわけであるから，Johnがたまたまホンダ車を嫌っているとしても，それは問題にはならない．したがって，(135)は(138)のように書き換えられる．

(138) 　[If Mary bought a Toyota, John is glad that she bought it] or [if Mary bought a Honda, John is glad that she bought it] or ...

(138)は，離接接続である．したがって，最低どれか1つの命題が真であれば，(138)は全体として真である．

　このように考えると，2種類の述語のNPIに関する振る舞いの差は，regretタイプの述語（regret, sorry, surpriseなど）の主語が，その補文が表す事態が「生じない/生じて欲しくない」という否定的な期待を持つのに対し，gladタイプの述語（glad, happyなど）の主語は，その補文の事態が「生じる/生じて欲しい」という肯定的な期待があるという差に還元できる．そしてregretタイプでは，(136)のように，文の等位接続として書き換えられるので，anyの意味条件に合致し，その使用が認可されるものと思われる．

　この説明にとって問題となりそうなのは，(139)のような文である．

(139) 　Sandy regrets that Robin bought a car, but Sandy does not regret that Robin bought a Honda Civic.
　　　　　　　　　　　　　　　　　　　　　　（von Fintel 1999, 112）

(139)の前半の文が(136)のような形式の意味内容を表すとすれば，後半部分がそれと矛盾するが，(139)には，そのような矛盾を含まない解釈が可能である．これはなぜであろうか．

Kadmon and Landman (1993) は，(139) の前半の文と後半の文では，視点 (perspective) が変化しているという重要な観察をしている．すなわち，前半の文では，Robin が車を買うか買わないかという視点での判断であるのに対し，後半の文では，Robin が車を買うことは前提として，どのような車を買うかという視点での判断である．(140) からわかるように，視点はいくらでも変えることができる．

(140) Sandy is sorry that Robin bought a car. But Sandy is not sorry that Robin bought a Honda Civic. However, Sandy is sorry that Robin bought a Honda Civic EX. Then again, Sandy is not sorry that Robin bought a Honda Civic EX with a sunroof.

(*ibid.*, 114)

このように視点を次々に変化させてしまうと，monotonicity による計算ができない．したがって，ある述語に関して monotonicity を計算する場合は，視点を一定にしておくことが重要である．

(141) monotonicity は，一定の視点に関して成立する特性である．

4.6 疑問文

疑問文も any を認可する．

(142) a. Did you see *anyone*?
b. Did *anyone* invite you?

(143) a. Who has *any* money?
b. Which of these people has fixed *any* of your cars?

下方含意に基づく説明では，ある命題が真であるとき，別の命題も真になるかどうかを計算して monotonicity を決定する．しかし，疑問文は真・偽が定まらないために，下方含意に基づく説明にとっては問題となる．これはどのように考えればよいのであろうか．

Rexach (1997, 369) は，(144a) と (144b) が，同じ内容を持つ (等価の) 質問であることを指摘している．

(144)　a.　Who is walking or talking?
　　　　b.　Who is walking and who is talking?

なぜそうなのかを見るために，次のような状況設定をしてみよう．

(145)　歩いている人 = {John, Mary}
　　　話している人 = {Tom, Lucy}
　　　走っている人 = {Nancy, Ken}

この状況で，(144a) が発せられた場合，その答えとして {John, Mary, Tom, Lucy} を与えなければならない．この答えは，(144b) に対して与える答えと同一である．答えが同一である疑問文は等価であると考えられる．

同様のことが，(146) のような yes / no 疑問文についても言える．

(146)　Has Mary been to Italy or Spain?

(146) は二義的であり，それに応じて次の2通りの答え方がある (Progovac 1988, 179)．

(147)　a.　(She has been) To Italy.
　　　　b.　Yes(, she has been to Italy or Spain).

Rexach の考え方を応用すれば，(147a) の答えに対応する疑問文は (148a) となり，(147b) の答えに対応する疑問文は (148b) となる．

(148)　a.　[Has Mary been to Italy?] or [has Mary been to Spain?]
　　　　b.　Has Mary been to [Italy or Spain]?

(148a) は，「Mary は，イタリアへ行ったことがあるのか，それともスペインへ行ったことがあるのか」ということを尋ねている．それに対し (148b) は，「Mary は，イタリアかスペインのどちらかへ行ったことがあるのか」という疑問である．(148a) での作用域の大小関係は，or > question であり，(148b) では，question > or である．ここで問題としたいのは，or が疑問の作用域に含まれる (148b) である．本書では，(148b) は

(149) と等価であると主張する.

(149) [Has Mary been to Italy?] and [has Mary been to Spain?]

(149) が表しているのは,「Mary がイタリアへ行ったことがあるのか」(= p) という質問と,「Mary は, スペインへ行ったことがあるのか」(= q) という質問の, 両方に答えて欲しいという要請である. そのような要請を受けた聞き手は, p が真であるかどうかをチェックし, さらに, q が真かどうかもチェックしなければならない. そして, p か q かのどちらかが真であれば Yes と答え, どちらも真でなければ No と答える.（[p and q] で, p, q が平叙文の場合の Yes / No の答え方とは異なる点に注意.）聞き手の行わなければならないこの一連の作業は,（148b）の質問を受けたときに行わなければならない作業と, まったく同じである. このような考察から,（148b）のように, 名詞句の離接接続が疑問演算子の作用域の中にある場合,（149）のように, 疑問演算子を中に取り込んだ形の文の等位接続で言い換えられるという結論が得られる. そうすると, wh 疑問文も, yes / no 疑問文も, any の使用条件を満たすことになる. したがって,（142）,（143）や次の（150）が容認される.

(150) Has Mary been to *any* foreign country?

このように, any の意味を名詞句の離接接続とする考え方は, 真理値の決定できない疑問文に生じる any の生起も説明することができる.

4.7 Because

因果関係が否定されている because 節内で, any が生起できる場合とできない場合があることを 2.1.2 節で見た. ここでは, この相違について検討する.

(151) The ocean isn't blue because it has *any* blue paint in it.
(152) a. *Dogs don't hear because they have *any* eyes. They hear because they have ears.
 b. *The ocean in this stage set isn't blue because it has *any*

blue paint in it, although blue paint is exactly what we used.

まず，any が認可される (151) を考える．そのために，(153) を見よう．

(153) a. He didn't get sick because he ate a green vegetable.
       b. He didn't get sick because he ate kale.

Linebarger (1991) が正しく指摘しているように，(153a) は (153b) を含意する (気分が悪くなったのが緑色野菜を食べたせいでないのであれば，当然，緑色野菜の一種であるケールを食べたせいではない)．つまり，因果関係を否定する文の because 節の中は，MD 特性を示す．したがって，(151) が容認されることが説明できる．

しかし，それでは，(151) と同様に因果関係が否定されている (152) が容認されないのはなぜであろうか．この問題を考えるために，(154) のような文を考えてみよう．

(154) a. I don't help John because I like his mother or his father(, I do it for some other reason), although I like them both.
       b. I don't help John because I like his mother and his father(, I do it for some other reason), although I like them both.

(154a) よりも (154b) のほうが，容認可能性は高い．これは，次のように考えることができる．(154) では，although 節において，私が John の父親と母親の両方が好きであると述べている．(154b) では，because 節の中でその情報を過不足なく述べている．それに対して，(154a) の because 節では，[NP and NP] ではなく，それよりも情報量が少ない [NP or NP] という形式で述べている．もしも，[NP and NP] であることがわかっているのであれば，「過不足のない情報を与えよ」という会話の原則により，[NP and NP] と言うはずである．したがって，[NP or NP] という形式が使用されているということから，[NP and NP] が成立していないと語用論的に推論できる．しかし，この推論は，although 節で述べら

れている内容と矛盾する．したがって，(154a) は容認可能性が低い．

　この議論が正しいとすれば，any を名詞句の離接接続と考えることにより，(154a) と同じ説明を (152) に与えることができる．(152b) では，although 節で，青の絵の具を使ったと述べている．そうであれば，ある一定量の絵の具を使っているわけであるから，because 節のように，絵の具の量を any という離接接続表現で述べることは，会話の原則に違反する．(152a) では，われわれの常識として，犬に (一定数の) 目があることを知っている．したがって，目の数を離接接続で言うことは，会話の原則に違反している．(犬に目の数がいくつあるかわからないという主張をしていることになる．)

4.8　統語的必要条件

　1.1 節で極性に対する統語的説明について述べた際，次のような文を見た．

(155)　a.　*Anybody did not laugh. (= 1.1 (3a))
　　　　b.　*I gave *anybody* nothing.
　　　　c.　*Any doctors weren't available.

この現象をもう少し詳しく検討してみよう．
　Linebarger の分析法に従うと，(155a) の LF は，(156) となる．

(156)　NOT (anybody laughed)

(156) では，NPI の anybody は否定辞の直接作用域の中にあるので，Linebarger の分析では，これを容認可能と予測してしまう．
　any の本質的意味を離接接続と考える 4.2 節の (25) の説明では，(155) の容認不可能性を説明することができる．(157) を見よう．

(157)　John or Tom did not talk to me.

(157) は，(158a) と同じ内容を表し，(158b) の内容を表すことはできない．

(158) a. John did not talk to me or Tom did not talk to me.
　　　 b. John did not talk to me and Tom did not talk to me.

したがって，(155a, c) の主語位置は any の意味条件を満たさず，容認されない．((155b) についても同様のことが言える．)

これを別の角度から見れば，統語構造と論理構造の関係について，次のような制約があるものと考えられる．

(159) 　ある構成素が論理演算子 L からなり，L が否定要素 N よりも統語構造上で優位な位置にあるとき，論理構造上で(原則として) L は N の作用域の外にある．

(Kuno (1995) でも同様の制約が提案されている．ここでは，「優位な位置」を「c 統御している位置」と考える．また，「原則として」という条項は，LF での作用域が統語的作用域を反映していない All that glitters is not gold. のような文を説明するための条項．これについては，de Swart (1998) などを参照．) (157) では，主語句は or の離接接続であり，それが not を c 統御し，not よりも優位な位置にある．したがって，(159) により，LF でも否定の作用を受けない．このことから，(157) は (158a) の解釈を受けることになる．

それに対して，(160) のように否定倒置が適用された文では，主語に any が生起することができる．

(160)　Never has *anyone* seen such a crowd before.

(160) では，anyone は never を c 統御していないと考えられる (cf. Culicover 1991; Haegeman 2000; etc.)．したがって，主語が LF で否定の影響を受ける．同様に，主語を離接接続された名詞句で置き換えた (161) は，等位接続された文 (162) と等価になる．

(161)　Never has (either) John or Tom seen such a crowd before.
(162)　John has never seen such a crowd before and Tom has never seen such a crowd before.

このように，否定倒置を受けた文の主語位置は，any の使用条件を満たし，(160) が容認可能となる．

4.9 Any 以外の NPI

4.9.1 最小量を表す NPI

最小量を表す NPI の数は多く，次のようなものがその代表例である．

(163) I didn't {*do a thing / hear a sound / sing a note / see a soul / eat a bite / say a word / move a muscle*}.

(163) のような例は NPI として慣用化しているものであるが，この類は (164) に見るように，かなり生産的である．

(164) a. He doesn't have *a gray hair* on his head.
 b. It won't cost you {*a cent / a dime*} to accept our offer.

これらの NPI は，今まで述べてきた any とは，振る舞いが少し異なる．まず，疑問文を見よう．

(165) a. Does Charlie *bat an eye* when you threaten him?
 b. Did Mary *lift an finger* to help her boyfriend?
(166) a. Who *lifted a finger* to help when I needed it?
 b. Which of these people has given you *so much as* a dime?
 c. Which of these people has *the least bit* of taste?
 d. Who *drank a drop* of your cognac?

Borkin (1971), Progovac (1994), Heim (1984) などが観察しているように，最小量を含むこのような疑問文は，すべて修辞疑問文と解釈され，情報を求める文とは解釈できない．これに対し，any を含む疑問文は，情報を求める文とも，修辞疑問文とも解釈可能である．

(167) a. Did John do *anything* helpful?
 b. Who has *any* money?

(167) は，必ずしも否定的な答えを想定しているとはかぎらず，純粋な疑

問としての解釈を持ちうる（Kay 1990, 100; Heim 1984, 106）．それでは，(165), (166)が否定の答えを想定する修辞疑問の解釈しかないのは，なぜであろうか．

　ここでは，このような最小量のNPIは，Fauconnierの言う語用論的推論（pragmatic inference）によって認可されると考える（cf. Fauconnier 1975a, 1975b）．

(168) 最小量を表すNPIの認可条件：最小量のNPIは，最小量についてある命題が真であると言うことによって，それよりも多い量すべてについても，その同じ命題が成立することを語用論的に推測させるための道具立てである．

次の例で考えてみよう．

(169) a. *John *lifted a finger* to help me.
b. John did not *lift a finger* to help me.

lift a fingerというのは，何らかの行動をとるという尺度において，最小に位置する行動である．(169a)のような肯定命題が真である(つまり，Johnが最小限の行動をとった)としても，それよりも努力が必要な行動をとったかどうかはわからない．それに対して，(169b)のような否定命題が真であるとすれば，Johnは最小限の努力もしなかったのであるから，それよりも多くの努力を必要とする行動はとらなかったと，語用論的に推論できる．したがって，(169b)のような否定文は，(168)の認可条件を満たし，容認される．(165), (166)が否定の意味に解釈されるのも，そのためである．

　最小量を表すNPIは，否定要素の統語的作用域になくても容認可能である点で，anyとは異なる．

(170) He *gives a damn* about no one but himself.
(de Swart 1998, 80)

(170)で，give a damnという最小量NPIは，no oneという否定表現よ

りも統語的に優位な位置にある（no one を c 統御している）．しかし，この種の NPI は論理演算子ではないので，(159) の原則は適用されない．したがって，(170) の LF は (171) のようになる．

(171)　NOT (he gives a damn about anyone but himself)

(171) は文否定であるので，(168) により，give a damn が属するスケールの他のすべてが否定される．

(168) を支持する証拠を，もう 1 つあげておこう．すでに 3.1.1 節の (20) で見たように，普遍数量詞は，その領域制限関係節の内部に関しては MD 特性を示す．このことは，離接接続の書き換えによって確認できる．すなわち，(172a) は，(172b) と論理的に等価の読みを持つことができる．

(172)　a.　Every student who had read Chomsky or McCawley attended the lecture.
　　　　b.　[Every student who had read Chomsky attended the lecture] and [every student who had read McCawley attended the lecture].

したがって，any の使用条件は満たされ，(173) は容認される．

(173)　a.　Every student who knew *anything* about Chomsky attended the lecture.
　　　　b.　Every restaurant that advertises in *any* of these papers happens to have four stars in the handbook.
　　　　　　　　　　　　　　　　　　　　　　　　　(Heim 1984, 105)

最小量の NPI は，これとは少し異なった振る舞いをする．(174)，(175) を見よう．

(174)　Every restaurant that charges *so much as* a dime for iceberg lettuce ought to be closed down.　　　(*ibid.*, 104)
(175)　a.??Every restaurant that charges *so much as* a dime for iceberg

lettuce actually has four stars in the handbook.　(*ibid.*)
 b.　*Every restaurant that charges *a red cent* for iceberg lettuce has four stars in the handbook.　(Linebarger 1991, 177)

Linebarger (1991) は，(175) が，Ladusaw の下方含意の理論にとって反例になると述べている．しかし，(175) は，最小量の NPI を含む文であることに注意したい．もし最小量の NPI の認可が，単なる下方含意によるものではなく，それよりも強い (168) の条件によって認可されるのであれば，(174) と (175) の容認可能性の差を説明することができる．(168) によると，最小量の NPI は，その量について命題が真であると言うことによって，それより大きい量については，当然その命題が真になるということを述べるためのものである．(174) にこれをあてはめると，(174) は，(176) のような主張をしていることになる．

 (176)　アイスバーグ・レタスに 1 ダイム請求するレストランは，店を閉じるべきだ．2 ダイム請求するレストランは，当然閉店すべきだし，3 ダイムも請求するレストランが閉店すべきなのは，さらに当然だ．

(175a) は，(177) のような主張をしていることになる．

 (177)　アイスバーグ・レタスに 1 ダイム請求するレストランは，4 つ星である．2 ダイム請求するレストランは，当然 4 つ星であり，3 ダイム請求するレストランが 4 つ星であるのは，さらに当然である．

ところが，「アイスバーグ・レタスのようなものに高額な値段をつければつけるほど，そのレストランは，望ましいものではない」という常識がある．(176) は，この常識に合致しているが，(177) は，これに反している．すなわち，(175) が容認されないのは，常識に反した主張をしているためであると考えられる．

4.9.2 Until

until 句は，継続を表す．したがって，それが arrive のような瞬時動詞と共起するためには，その瞬時的出来事が存在しない状態が継続していなければならない．したがって，until 句は，到着という出来事がなかったということが明示的に主張されているときにのみ容認される．次の例を見よう．

(178) *Only Bill arrived *until* 5:00.

(178) では，Bill の到着という出来事は存在しているので，until 句は生じない．any を認可することができる (179) のような MD 環境でも，到着という出来事は存在しており，until 句は生じない．

(179) *Every applicant who arrived *until* 5:00 was rejected.

この事実は最小量の NPI と対照的であり，(180) からわかるように，最小量の NPI は同じ環境で容認可能である．

(180) a. Of all her friends, only Phil would *lift a finger* to help Lucy.
b. All boys who *budged an inch* were rejected.

これは，(180) の文が (168) を満たしているからである．

最小量の NPI が否定の意味を持つ修辞疑問文で認可されることは，4.9.1 節で見たが，until は，そのように否定を暗示的に主張する文であっても認可されにくい．

(181) ?*Who left *until* 5:00?   (Borkin 1971, 57)

しかし，(182) のように，最小量の NPI によって否定の意味がもっと明示的になった場合は，容認可能性が大きくなる．

(182) Who *lifted a finger* to help *until* 5:00?   (*ibid.*)

このような例から，同じ NPI と言われているものにも種類があり，それぞれが独自の認可条件を持っていることがわかる．この認可条件は，そ

れぞれの NPI の固有の意味から決まるものである．

このように，従来，NPI の強弱と，それを認可する環境の強弱の相互関係として漠然と捉えられてきた現象は，根本的には，NPI の固有の意味から説明できることがわかる．

4.9.3　上位文からの否定

発話動詞が否定されている場合，その補文に NPI が生じるかどうかについて，発話動詞の間で振る舞いが異なることが観察されている．

(183)　a.　John did not say that he killed *anyone*.
　　　　b.　I'm not claiming that *anyone* will force John to do *any* work.　　　　　　　　　　　　(Jackendoff 1972, 322)
(184)　a.　?John did not whisper that John killed *anyone*.
　　　　　　　　　　　　　　　　　　　　(Progovac 1994, 59–60)
　　　　b.　*I didn't yell that I had *ever* been to Israel.
　　　　　　　　　　　　　　　　　　　　(Linebarger 1980, 112)

この相違は，どこからくるのであろうか．whisper / yell と say / claim の相違点として，前者が，情報伝達というよりも発声の様態に重点を置いた表現であるのに対して，後者は，その逆であるという事実がある．次の文を見よう．

(185)　a.　Mary's whisper was barely audible.
　　　　b.　John's yell was loud.
　　　　c.　*John's {whisper / yell} was very general.
　　　　　　　　　　　　　　　　　　　　　(Okuno 1997, 173)

(185a, b) は，audible, loud という音の大きさを叙述する形容詞を持ち，容認可能である．これに対して，(185c) は容認不可能である．というのは，general は音ではなく，情報の性質を叙述する形容詞であるからである．

claim には，この逆のことがあてはまる．

(186)　a.　John's claim was very general.
　　　　b.　*John's claim was very loud.　　　　　　(*ibid.*)

上記 2 つの種類の動詞類は，同格節をとるかどうかでも異なっている．

(187)　a.　*Bill's shout that I should get out of the way surprised me.
　　　　b.　*Francine's whisper that we should turn down the stereo . . .
　　　　　　　　　　　　　　　　　　　(Stowell 1981, 401)
(188)　John's claim that he would win was shocking to me.

(音声ではなく)情報内容を表す表現のみが，その内容を同格節として表すことができると考えれば，(187) と (188) の差異を説明することができる．

　このように考えれば，(183)，(184) に対して，次のような説明を与えることができる．(189) を見てみよう．

(189)　a.　Mary didn't claim that John bought a car.
　　　　b.　Mary didn't claim that John bought a Corolla.

claim の補文が(音声ではなく)情報内容を表しているとすれば，(189a) → (189b) が成立する (John が車を買ったという内容のことを claim していないとすれば，カローラを買ったという内容のことを claim しているはずがない)．

　それに対して，yell の場合はどうであろうか．

(190)　a.　Mary didn't yell that John bought a car.
　　　　b.　Mary didn't yell that John bought a Corolla.

yell の補文が(情報内容ではなく)音声を表しているとすれば，(190a) → (190b) は成立しない("John bought a car." という音声を発していないことから，"John bought a Corolla." という音声を発したかどうかはわからない)．したがって，否定された claim は，その補文に関して MD 特性を示し，否定された whisper などは MD 特性を示さないと言える．

もしこの説明が正しいとすれば，一見，下方含意仮説の反例のように見える構文も，さらに深く研究してみると，実は下方含意仮説に合致していることになる．

第5章 今後の課題

5.1 二重否定

すでに見たように，would rather は肯定極性表現であり，(1) に見るように，否定文では使えない．

（1） *Sam *would*n't *rather* go to New Orleans.

それにもかかわらず，Baker (1970, 180) は，次のような文が容認可能であると指摘している．

（2） There isn't anyone in this camp who *would*n't *rather* be in Montpelier.

すでに見たように，(2) が容認可能なのは，(2) が (3) と論理的に等価であるためである (⇒ 2.1.2)．

（3） ∀x (x would rather be in Montpelier)

(2) は形式的には否定文であるが，それが伝えようとしている内容は (3) の肯定命題であるので，容認可能になる．したがって (4) のように，この環境には NPI が生じることができない．

（4） *There isn't anyone here who wouldn't rather do *anything* downtown. 　　　　　　　　　　　　(Baker 1970, 178)

次の例も同様に説明される．

第 5 章　今後の課題　95

(5) a. There is no park that isn't *pretty* crowded in the summer.
　　b. There is no government official who isn't guilty of *some* wrongdoing.　　　　　　　　(Borkin 1971, 57)
　　c. You can't convince me that *someone* isn't *still* holed up in this cave.　　　　　　　(Linebarger 1987, 330)

NPI の場合も，二重否定に影響される．

(6) a. I doubt that John did *anything* yesterday.
　　b. *I don't doubt that John did *anything* yesterday.
(7) a. John lacks *any* money.
　　b. *John never lacks *any* money.

3.6 節 (95) において，含意計算の局所性という原則を設定した．これによると，たとえば (6b) の場合，補文は，まず doubt という動詞の性質により MD 環境となり，それに not が付加したとしても，影響はないはずであり，容認可能と予測してしまう．したがって，(2), (5), (6b), (7b) などの例は，二重否定構文の特異性を示していると言わざるをえないであろう．

　偶数個の否定表現があっても必ず二重否定構文になるとはかぎらない，という点も重要である．たとえば，(8a) と (8b) は等価ではない．

(8) a. NOT TRY [NOT ...]
　　b. TRY [...]

したがって，形式的には二重否定に見える (9) は，本来の意味での二重否定構文ではない．

(9)　Alfred isn't trying not to do {*anything* / **something*} better than his brother.　　　　　　　　(Baker 1970, 181)

このように，二重否定構文は，対応する肯定命題を主張するための修辞的装置であり，まさにそのために，3.6 節の局所条件が適用されないのであると考えられる．このような意味での二重否定構文になりうる文の類

を，正確に定義する必要がある．

5.2 集合の大きさと NPI

Jackson (1995, 196) は，(10) の例をあげ，集合が相対的に小さいことが NPI の認可にとって重要である，という指摘をしている．

(10) a. At most one hundred Americans have *any* children.
　　　b. ?At most one hundred people in this room have *any* children.

Jackson によれば，(10b) は (10a) よりも容認可能性が落ちる．アメリカ人の全人口に対して 100 人というのは，相対的にかなり小さい集合であるが，部屋の中にいる人間すべてに対して 100 人は，かなり大きい集合となる．このことから，NPI の認可条件は，下方含意ではなく，集合の(相対的)小ささである，と Jackson は結論づけている．

しかし，この結論は必ずしも正しくないと思われる．まず第一に，Jackson 自身も認めているが，(10b) はまったく容認不可能というわけではない．さらに次の文を見てみよう．

(11) *One hundred Americans have *any* children.

(11) でも，100 人のアメリカ人の集合は，(10a) と同様，十分小さいにもかかわらず，容認不可能である．したがって，集合の相対的小ささという条件は，NPI 認可のための必要条件である MD 特性に対して，さらに課される語用論的条件と見るべきであろう．MD が，否定性という概念を捉えるための意味論的条件であることを考えると，ある集合に対して相当大きい集合というのは，否定的とは言いにくいということであろう．

5.3 Krifka (1995) からの反例

Krifka (1995) は，次のような表現が NPI を認可しないことを，下方含意で説明することはできないとしている．

(12) a. zero or more students
　　　b. some arbitrary number of students

これらの文の monotonicity を計算してみよう．

(13) a. Zero or more students bought a Toyota.
　　 b. Zero or more students bought a Corolla.
(14) a. Some arbitrary number of students bought a Toyota.
　　 b. Some arbitrary number of students bought a Corolla.

(13a) → (13b)，(14a) → (14b) は成立する．((13) で，トヨタ車を買った人が0人もしくはそれ以上いる場合，同社製のカローラを買った人も0人もしくはそれ以上であるのは当然である．(14) でも同様である．)したがって，(13) の表現は下方含意を認可する．そうすると，下方含意仮説によれば，(15) が容認されるはずであると Krifka は言う．

(15) a. *Zero or more students said *anything* at the meeting.
　　 b. *Some arbitrary number of students know *anything* about Chomsky.

(15) は容認不可能であるから，下方含意仮説は何らかの修正が必要のように思われる．

　(12) の表現が真の意味での MD 表現と異なるのは，それらが上方含意をも認可するということである．もう一度 (13) と (14) を見てみよう．(13b) で，もしカローラを購入した人の数が0かそれ以上であるとすると，トヨタ車を購入した人も，当然0かそれ以上である．(14) についても同様である．したがって，(13b) → (13a)，(14b) → (14a) が成り立つ．このことから，次の制約を設定する．

(16) 　上方含意を認可する環境には，NPI は生じない．

(16) が必要になる他の例を見ておこう (⇒ 1.5)．

(17) a. Mary never goes out with men who have *any* problems.
　　 b. *Mary never goes out with the man who has *any* problems.

(17a) の関係節が MD 環境であり，MI 環境でないことは，(18) からわかる．

(18) a. Mary never goes out with men who eat vegetables.
　　 b. Mary never goes out with men who eat spinach.

(18a) → (18b) が成立することは明らかである．また，(18b) → (18a) が成立しないことも明らかである．

次に (17b) を考えてみよう．

(19) a. Mary never goes out with the man who bought a car.
　　 b. Mary never goes out with the man who bought a Mazda.

定冠詞は存在前提を持つので，その前提が満たされたかたちで (19a) → (19b) が成り立つかを考えなければならない．(19a) で，問題の男性が買った車が，たまたまマツダ車であったとしてみよう．そのような状況で (19a) が与えられると，(19b) を推論することができる．しかし，(19) が (18) と決定的に異なっているのは，(19) では，(19b) → (19a) という上方含意も成立するということである ((19b) が真であると，マツダ車も車の一種であるから，問題の男性は 1 台の車を買ったことになる．したがって (19a) も真となる)．したがって，(16) が与えられると，(17b) を正しく排除することができる．

(16) の条件は，このように経験的にも確証されるが，さらに，下方含意と否定性という観点からも妥当な条件である．(20) を見てみよう．

(20) a. Few students drink wine.
　　 b. Few students drink red wine.

(20a) が真であれば，(20b) も真であり，逆は言えない．この場合，赤ワインを飲む学生は，ワインを飲む学生よりも小さい集合である．ある集合について few が成り立てば，それよりも小さい集合すべてについても成り立つ．つまり few は，小さいほう，ゼロの方向を向いているということである．これこそがまさに，否定性ということである．否定性は，この意味で「下方的」である．これに対して，(12) のような表現は，双方向を向いており (あるいは方向性がなく)，したがって，否定的とは言えない．

5.4 統語的制約と NPI

4.8 節で次の制約を提案した (⇒ 4.8 (159)).

(21) ある構成素が論理演算子 L からなり，L が否定要素 N よりも統語構造上で優位な位置にあるとき，論理構造上で(原則として)L は N の作用域の外にある．

この制約により，(22) と (23) の対比が説明できる．

(22) a. *Anybody* did not laugh.
b. *Anybody* weren't available.
(23) a. That *anyone* might do *anything* like that never occurred to me.
b. That he had stolen *anything* was never proved.

(22) では，anybody が not を c 統御しているため，not よりも優位な位置にあり，LF で anybody は not の作用域の外にある．それに対し (23) では，anything が never を c 統御していないため，LF で anything が never が作る MD 環境内に入り，容認される．

しかし，さらに考慮されなければならない文がある．まず，(24) と (25) は構造的には同型であるが，(24) が容認可能であるのに対し，(25) は容認不可能である．

(24) a. A doctor who knew *anything* about acupuncture was not available.
b. ?A solution to *any* of these problems doesn't exist.
(25) a. *A doctor who knew *anything* about acupuncture {didn't know what to do / wasn't intelligent}.
b. *Tickets to *any* of the afternoon concerts were not green.

(Uribe-Echevarria 1994, 20ff)

(24) と (25) の相違は，一見，ステージレベル述部 (stage-level predicate) と個体レベル述部 (individual-level predicate) の相違によって引き

起こされているように思われるが，そうではない．(26) を見よう．

(26) *A fundamentalist yogi that had *any* interest in philosophy wasn't lying on the floor.　　　　　　　　　　　(*ibid*., 41)

(26) の述部はステージレベル述部であるが，(25) と同じく容認不可能である．

　(24) と (25) の相違は，(24) の文に生じている述部が，主語の指示物の存在・非存在自体を問題にしているのに対し，(25) の文に生じている述部は，主語の存在は前提とし，主語に関して何かを述べている点にあるように思われる．(26) の文の述部はステージレベル述部であるが，主語の指示物の所在を述べている場所文であり，主語の指示物の存在自体を問題にしている文ではない．

　存在自体を問題にする文と，それ以外の文は，否定の作用域に関して決定的な相違がある．(27) と (28) を考えてみよう．

(27)　A doctor wasn't available.
(28)　A doctor didn't know what to do.

Uribe-Echevarria (1994) が観察しているように，(27) の文は (29a) と (29b) の解釈を持ちうるのに対し，(28) の文は (30) の解釈しか持たない．

(29)　a.　∃x : x is a doctor (NOT (x was available))
　　　b.　NOT (∃x : x is a doctor (x was available))
(30)　∃x : x is a doctor (NOT (x knew what to do))

(不定冠詞を持つ)主語の指示物の存在自体を問題にする述部が否定された場合，その指示物は存在しないことになる．したがって，その主語部分に関して下方含意を許すことになり，(24) の any が認可される．それに対し，(28) のような文の場合は，主語名詞句の指示物の存在は前提とされており，否定されるのは，主語の存在ではなく，述部で述べられている行為や状態である．したがって，主語の部分は下方含意を許さず，(25) の

anyは認可されない．(23)のような文についても，述部は主語節で述べられている事態の存在自体を問題にしており，(24)と同様のことが言える．((22b)が容認不可能であるのは，(21)がかなり強い制約であるためであると考えられる．)

　もう1つの問題は，(31)と(32)のような対比である．

(31) That *anybody* would leave the office wasn't mentioned in the meeting.
(32) *That *anybody* will leave the office wasn't mentioned in the meeting. 　　　　　　　　　　　　　(Uribe-Echevarria 1994, 40)

(31)では，従節の時制が主節の時制に依存しているのに対し，(32)では，どちらの節の時制も発話時に依存している．(32)では，従節の事態は，ある意味で，主節の事態から独立している．そのような場合，従節は主節の否定の影響からも独立していることになる．このことにより，(32)のanyが認可されない（この考え方の具体案については，Uribe-Echevarria (1994)を参照）．

5.5　Giannakidou (1998) からの反例

　Giannakidou (1998) があげている次の例を考えよう．

(33) a. Frank talked to *any* woman who came up to him at the party.
　　　b. *Any* woman who saw a fly in the food didn't have dinner.

(33)で生じている any は，Linebarger の言うような否定演算子（NEG）の直接作用域に生じているとも考えられないし，Ladusaw の言うような下方含意の環境に生じているとも考えられないため，どちらの理論にとっても問題になると Giannakidou は指摘している．

　この問題を解くには，関係節の機能と離接接続との関連を詳細に調べなければならないが，Cushing (1982) の観察はこの点で示唆的である．次の文を見よう．

(34)　*Any* linguist who values precision studies logic.

Cushing は (34) を，(35) ではなく，(36) のように分析することを提案している．

(35)　$\forall x : x$ is a linguist and x values precision (x studies logic)
(36)　$\forall x : x$ is linguist ((x values precision) $\rightarrow$ (x studies logic))

すなわち，(34) のように先行詞に any を持つ関係節は，条件的な意味合いを持つということである．その証拠として，(34) から関係節を取り去った文は容認できないと言う．

(37)　**Any* linguist studies logic.　　　　　　(Cushing 1982, 172)

この Cushing の提案を受け入れ，本書では，(33) のような文を (38) のように分析する．

(38)　a.　If *any* woman$_i$ came up to Frank at the party, he talked to her$_i$.
　　　b.　If *any* woman$_i$ saw a fly in the food, she$_i$ didn't have dinner.

すでに見たように，if 節の中は MD 環境であるから，(38) は容認され，それと等価な (33) も容認されるものと思われる．

このように考えることによって，any を先行詞に持つ関係節構文の，微妙な意味合いを説明することができる．Dayal (1998) は，この構文について，関係節の内容が主節の内容にとって本質的 (essential) でなければならないという観察をしている．次の文を見てみよう．

(39)　Every student who is in Mary's class is working on polarity items.

(39) は，(40a) と (40b) の 2 つの読みを持つ．

(40)　a.　It happens to be true of every student in Mary's class that he / she is working on polarity items.
　　　b.　Every student in Mary's class, by virtue of being in her class, is working on polarity items.

(40a) の読みでは，Mary の授業に出席している学生が極性表現の研究をしているのは，偶然である．それに対して (40b) の読みでは，Mary の授業に出席するのであれば，ほとんど必然的に極性表現を研究することになる，という意味合いを持つ．つまり，この読みでは，Mary の授業に出席するということと，極性表現を研究するということの間に，本質的な関係がある．そして，(39) の every を any で置き換えた (41) は，(40b) に対応する読みしか持たない．

(41) *Any* student who is in Mary's class is working on polarity items.

Dayal のこの観察も，本書の分析で説明できるように思われる．本書の分析では，(41) は (42) のように分析される．

(42) If *any* student S_i is in Mary's class, S_i is working on polarity items.

(42) は，Mary の授業に出席していること (p) が，極性表現の研究をすること (q) の条件であると主張している．このような条件化は，p と q がまったく無関係であれば存在しないはずであり，したがって，p と q は密接な関係を持つものと推察される．p と q が常識的に無関係であると考えられる (43) のような場合，any の使用は奇妙であると判断される．

(43) a. *Any student (who is) in Mary's class happened to vote Republican.
b. *Any woman standing under that tree is Mary's friend.
(Dayal 1998, 444)

(43a) は，Mary の授業に出ていることが，共和党に偶然投票することの条件になっているという非常識的な含意を持ち，(43b) も，木の下にいることが Mary の友人であるための条件であるという非常識的な含意を持つため，容認しがたい．これに対して，(44) のように，p が q のための 1 つの条件であるという解釈を受けやすい文は，any を容易に許容する．

(44) a. The President thanked *any* soldier who had fought in the

Gulf War.
b. *Anybody* who attended last week's huge rally signed the petition.　　　　　　　　　　　　　　　　　(*ibid.*)

　同様の説明が，義務を表す文中に生起する any についてもあてはまる．すでに 4.2 節において見たように，義務を表す表現は any と相容れない．

(45)　*You must pick *any* card. (= 4.2 (16b))

それでは，なぜ (46) が容認可能となるのであろうか．

(46)　You must pick *any* flower you see.　　　(Dayal 1998, 456)

(46) では，修飾句が条件を表しており，このため，(46) は (47) のように解釈されるものと考えられる．

(47)　If you see *any* flower, you must pick it.

(47) は概略，(48) の読みを持つ．

(48)　If you see {a flower$_1$ or a flower$_2$ or ... a flower$_n$}, you must pick it.

すでに見たように，if 節に名詞句の離接接続を含む文は文の等位接続と等価であるので，(48) は (49) と等価である．

(49)　[If you see a flower$_1$, you must pick it] and [if you see a flower$_2$, you must pick it] and ... [if you see a flower$_n$, you must pick it].

このように，(46) は any の使用条件を満たし，容認される．
　次に，修飾句を持たない (50) のような文を考えてみよう．

(50)　a.　Mary confidently answered *any* objections.
　　　b.　After the dinner, we threw away *any* leftovers.
　　　　　　　　　　　　　　　　　　　　　(Dayal 1998, 446)

(50) では，条件となる修飾句がないように見えるが，このような文は，文

脈上適当な修飾句を補って解釈される．たとえば，(50a) は (51) のように解釈される．

(51) Mary confidently answered *any* objections (raised against her proposal).

このように，(50) のようなタイプの文は，一見 any の意味条件を満たしていないように見えるが，文脈から決定される非顕在的な修飾句を持つと考えられる．この非顕在的修飾が仮定的条件として機能し，any の意味条件を満たしているものと思われる．

　この節では，Giannakidou によって問題とされた (33) のような文について考察し，名詞の後置修飾句が主節の事態成立の条件を表すと考えることによって，それが本書の仮説には問題とならないことを示した．さらに，この考え方によって，そのような文が持つ奇妙な特性をも説明できる可能性を示唆した．また，修飾句を持たないように見える (50) のようなタイプの文については，それらが文脈上修飾句を補って解釈されることから，非顕在的修飾句を持つと考えた．この非顕在的修飾句が仮定的に働き，any を認可するものと思われる．

むすび

　英語の極性の研究は，Klima (1964) に始まる．Klima は，[affective] という素性で極性の問題を扱おうとしたが，その素性の実質はリストにすぎず，説明的ではなかった．その後，Progovac の束縛理論，Linebarger の LF 理論，Ladusaw の含意理論などが提案されてきた．本書第 I 部では，厳密で，広い領域の現象を説明できると思われる Ladusaw の含意理論を出発点として，とくに，any という NPI がいかに説明されるかを見た．その際，単に下方含意が NPI を認可するという仮説に満足せず，そもそもなぜ下方含意と any が相関関係を持つのかを問題にした．さらに，any 以外の NPI のいくつかについても考察し，これらが下方含意よりも厳しい条件に支配されていることを見た．その結果，従来，NPI の強弱と，それを認可する要素 (licenser) の強弱の相互作用として漠然と捉えられてきた極性現象は，NPI の持つ固有の意味から厳密に説明できることが示された．

　本書第 I 部では，次のような仮説を提案した．

（1）　NPI の意味・機能
　　　（A）　any の意味：any X = x_1 or x_2 or ... or x_n
　　　　　　　　　　　　（ただし，X = $\{x_1, x_2, \ldots, x_n\}$）
　　　　　　any の使用条件：$P(x_1)$ and $P(x_2)$ and ... and $P(x_n)$ が成り立つ．
　　　（B）　最小量を表す NPI の認可条件：最小量の NPI は，最小量についてある命題が真であると言うことによって，それよりも多い量すべてについても，その同じ命題が成立することを語用論的に推測させるための道具立てである．

(C) until は，事態の継続期間を表す．（→ したがって，瞬時動詞と共起する場合，その事態がなかったことが明示的に主張されているときにのみ容認される．）

(2) 含意計算
(A) 含意計算の局所性
a. monotonicity は，表層文ではなく LF で決定される．
b. monotonicity は，当該 NPI から最も近い演算子によって決定される．（ただし，肯定の意味を修辞的に伝える装置としての二重否定を除く．）
(B) 含意計算時の視点の一貫性: monotonicity は，一定の視点に関して成立する特性である．
(C) 前提を持つ文の場合の monotonicity 計算は，その前提が満たされた場合にのみ意味を持つ．

(3) 統語構造と論理構造の関係に対する制約：ある構成素が論理演算子 L からなり，L が否定要素 N よりも統語構造上で優位な位置にあるとき，論理構造上で（原則として）L は N の作用域の外にある．

(4) 上方含意を認可する環境には，NPI は生じない．

本書で提案したこれらの仮説が説明力を持つということになれば，NPI に関するわれわれの知識が深まるとともに，自然言語の極性の根源を解明できることが期待される．

第Ⅱ部

作 用 域

第6章 演算子と作用域

　演算子 (operator) とは，every, some のように数や量を表す表現である数量詞と，論理形式 (Logical Form: LF) において論理演算子 (logical operator) として振る舞う wh 疑問詞などを総称して用いる名称である．これらの演算子はいずれも，LF において変項 (variable) を束縛 (bind) することになる．たとえば，(1a), (2a) において，everyone, everything のような演算子は，LF 部門で数量詞繰り上げ (Quantifier Raising: QR) という操作を受け，それぞれ (1b), (2b) の LF 表示が与えられる．

(1) a. Everyone loves Mary.
　　 b. [$_{IP}$ everyone [$_{IP}$ t loves Mary]]
　　 c. [every x: x a person] [x loves Mary]
(2) a. John bought everything.
　　 b. [$_{IP}$ everything [$_{IP}$ John bought t]]
　　 c. [every x: x a thing] [John bought x]

(1b), (2b) で，everyone, everything が QR によって移動した結果，痕跡 (trace: t) が生じている．この LF 構造において everyone, everything はその痕跡を変項として束縛している．また，(1b), (2b) で，everyone, everything が構成素統御 (c-command) する領域を，これらの演算子の作用域 (scope) と呼ぶ．(1b), (2b) にさらに意味解釈規則が適用されると，(1c), (2c) の論理構造 (logical structure) が得られる．本章では，LF 部門で QR の操作を仮定することによってはじめて説明できる多くの言語事実を提示することによって，QR の必要性を論証し，LF という表

示のレベルが，QR の存在によって支持されることを論じる．

6.1　演算子の種類

　まず，演算子の種類について概観しよう．演算子は数量詞と wh 疑問詞に大別できることを述べたが，数量詞は，someone, many (things), a (boy) のように，存在数量詞 (existential quantifier) と呼ばれるものと，all (books), every (boy), each (man) のように，普遍数量詞 (universal quantifier) と呼ばれるものに大別される．論理学では，存在数量詞は '∃'，普遍数量詞は '∀' と表記される．nothing, no (one) のような否定演算子については，これらを存在数量詞とみなす立場と普遍数量詞とみなす立場とがあるが，これは，(3) の文が文脈に応じて，(4a, b) のいずれにも書き換え可能だからである．

（3）　No students came.
（4）　a.　There did not come any student.
　　　 b.　Every student (who was supposed to come) did not come.

(4a) における (not) any student が存在数量詞であるとすると，(4a) のように書き換えられるときの no students は存在数量詞である．一方，(4b) における every student は普遍数量詞なので，(4b) のように書き換えられるときの no students は普遍数量詞である．

　次に，wh 疑問詞について見よう．wh 疑問詞が演算子の一種であるとみなされるのは，(5a, b) の LF 構造における everyone, everything が一定の作用域を持ち，その中にある変項を束縛するのと同様に，wh 疑問文 (6a) が，(6b) の LF 構造において作用域を持ち，その中にある変項を束縛するからである．

（5）　a.　[$_{IP}$ everyone [$_{IP}$ *t* loves Mary]]
　　　 b.　[$_{IP}$ everything [$_{IP}$ John bought *t*]]
（6）　a.　What did John buy?
　　　 b.　[$_{CP}$ what [$_{IP}$ John bought *t*]]

これまで，存在数量詞，普遍数量詞，wh 疑問詞という 3 種類の演算子について見たが，次に，法演算子 (modal operator) と量化の副詞 (quantificational adverb) について述べる．

まず，法演算子は，want, look for, ask for, try, plan, expect, need, request, order, allow などの動詞や，likely, certain, possible などの形容詞，および，may, must, will, should, can などの法助動詞を含む．DeCarrico (1980) によれば，これらの法演算子を含む文に共通する特徴は，「話者が一定の命題の実現可能性について述べている」ということである．たとえば，(7) において，a fish が非特定的解釈である（具体的な指示物を持たない）場合，「(現時点では)魚はまだ 1 匹も釣れていない」という意味で，動詞 want が「非実現」(unrealized) という意味標識を含むものと解釈される．

(7) John wants to catch a fish.

また，(8a–c) では，法助動詞の相違に従って，当該の命題の実現可能性についての話者の判断に相違が見られ，(8c) でその可能性が最も高い．したがって，(8a–c) の法助動詞もまた，命題の実現可能性に関する意味標識を含むと考えられる．

(8) a. John may be joking.
　　 b. John should be joking.
　　 c. John must be joking.

このような法演算子の問題については，第 8 章で詳しく見ることにする．

次に，量化の副詞について考えよう．これらの副詞には，次のような問題がある．たとえば，(9a) では，always が not より広い作用域を持ち，「ジョンは，自分の寿司を食べないのが常である」と解釈される．これに対して (9b) では，not が always より広い作用域を持ち，「ジョンは，いつも自分の寿司を食べるわけではない」と解釈される．

(9) a. John always does not eat his sushi.

　　　　b.　John does not always eat his sushi.

　　　　　　　　　　　　　　　　　　（Hasegawa 1993, 116）

(9a, b) は，always が not を構成素統御するか，not が always を構成素統御するかで異なるので，この階層関係が解釈の相違に反映されていると考えることができる．そして，この事例のように，構成素統御の非対称性に応じて作用域の解釈がいつも一義的に決まるのであれば，作用域に関する事実は，(10) のような「作用域の原理」によって説明できることになる．

　(10)　文中に 2 つの数量詞 A, B があって，表層構造で A が B を構成素統御する場合，A が B より広い作用域を持つ．
　(11)　次の条件を満たすとき，α は β を構成素統御する．
　　　a.　α が β を支配 (dominate) せず，
　　　b.　α を支配する最初の枝分かれ節点が β を支配している．

しかし，事実はそのように単純ではなく，したがって，作用域に関する理論がこれまでにいくつも提案され，そのいずれもすべての事実を記述できるようにはなっていない．

　以上，6.1 節では，存在数量詞，普遍数量詞，否定演算子，wh 疑問詞，法演算子，量化の副詞のそれぞれについて，具体例をあげてその解釈を示した．次節では，このうち，存在数量詞と普遍数量詞に焦点をあてながら，論理形式という統語部門内の表示のレベルが，表層構造とは独立に必要であることを示す．

6.2　論理形式と論理構造

　生成文法理論において 1970 年代後半から仮定されている修正拡大標準理論 (Revised Extended Standard Theory)（いわゆる「T モデル」）では，文の派生は基底構造 (D-structure: D 構造) から表層構造 (S-structure: S 構造) へと行われ，S 構造が音声形式 (Phonetic Form: PF) と論理形式 (LF) への入力となり，LF が意味解釈への入力となると仮定されている．

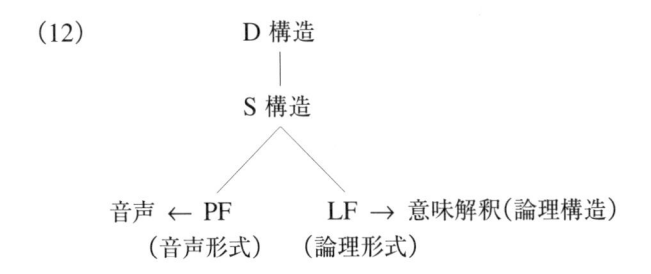

(12)　　　　　D 構造
　　　　　　　　│
　　　　　　　 S 構造
　　　　　　　╱　　╲
　　音声 ← PF　　　LF → 意味解釈(論理構造)
　　　　　(音声形式)　(論理形式)

　この理論で，LF とは，意味解釈に必要とされるすべての文法情報が与えられる構造の集合である，と規定される．言い換えれば，演算子の作用域，否定などの極性表現の解釈，代名詞束縛，焦点と前提などの意味にかかわる諸特徴が処理される表示のレベル（a level of representation）であると言える（「論理形式」が一定の構造の集合を指すのに対して，以下では，そこに含まれる個々の構造を「LF 構造」と呼んで，論理形式と区別することにする）．また，S 構造から LF に至るまでの派生の過程を「LF 部門」または「潜在部門」（covert syntax）と呼び，D 構造から S 構造までの派生の過程を「顕在部門」（overt syntax）と呼んで区別する．
　ここで，LF 部門の必要性について論じることにしよう．文の意味と S 構造を直接結びつけるのではなく，その間に LF 部門を設定するのは，数量詞や疑問詞を持つ文は，S 構造から直接には解釈できないような意味特徴を持つからである．
　(13) は，John という人物がいて，その人物が leave という行為を過去のある時点で行った，という命題を表し，この命題が事実であれば，この文は真（true）であり，事実でなければ，この文は偽（false）である．この真偽値は (13a) の S 構造で表示されているので，この文の論理構造 (13b) を導くために，LF 部門は必要ない．

　　(13)　John left.
　　　　a.　[IP John [VP left]]　（S 構造）
　　　　b.　[John left]　（論理構造）

　これに対して，(14) の everyone はどの指示物を指すのか特定できず，

everyone によって表される集合のメンバーの 1 人 1 人について, leave したかどうかを確かめなければ, この文の真偽値は決定できない. そこで, everyone を, every の部分(「演算子」と呼ぶ)とそこに含まれるメンバーの集合を制限する one (= person) の部分(「制限子」(restriction) と呼ぶ) に分けて, (14) の論理構造を (14b) のように表記しよう(ここで, [x left] の部分を「中核作用域」(nuclear scope) と呼ぶ). この表記によると, x の部分に everyone を構成するメンバーを 1 人ずつあてはめることにより, (13) と同様に真偽を確かめることができる. そして, すべての x の値について [x left] が成り立つとき, (14) は真であると言える.

(14) Everyone left.
 a. [$_{IP}$ everyone [$_{VP}$ left]] （S 構造）
 b. (every x: x a man) [x left] （論理構造）
 c. [$_{IP}$ everyone$_i$ [$_{IP}$ t_i left]] （LF 構造）

(13a) から (13b) を導くためには, 何ら特別な操作は必要ないのに対して, (14a) から (14b) は直接得られるものではない. そこで, (14c) のような構造を生成するための, 数量詞繰り上げ (QR) という操作を仮定してみよう. この操作の結果得られる LF 構造 (14c) を論理構造に書き換えると, (14b) が得られる.

ここで重要なのは, (14b) において, 演算子 every が, 中核作用域の中にある変項を束縛するということである. これらの関係を「演算子と変項の関係」(operator-variable relation) と言う. この関係は, QR の結果得られる LF 構造 (14c) においても存在する. つまり, everyone が(制限子を含む)演算子であり, その痕跡 (t) が変項である. このように, LF 部門は, 演算子の意味解釈のために必要な「演算子と変項の関係」を作り出し, 論理構造への入力を提供するという役割を果たしている.

もう 1 つの例を見よう.

(15) Some boy loves every girl.

この文には, 少なくとも 2 つの解釈が存在する. 1 つは,「ある 1 人の少年

がすべての少女を愛している」という解釈であり，もう1つは，「少女1人1人に対して，その人を愛している少年が少なくとも1人はいる」という解釈である．前者の解釈を，some が every よりも広い作用域を持つ解釈 (∃>∀ の解釈) と呼び，後者の解釈を，every が some より広い作用域を持つ解釈 (∀>∃ の解釈) と呼ぶ．主語は目的語を構成素統御するので，(15) において，主語の some boy が目的語の every girl を構成素統御する．したがって，some boy が every girl より広い作用域を持つ解釈 (∃>∀ の解釈) があることは，作用域の原理 (10) によって予測されるが，(15) に，every girl が some boy より広い作用域を持つ解釈 (∀>∃ の解釈) があるという事実は，(10) では説明できない．

そこで，May (1977) は，LF 部門での数量詞繰り上げという操作を提案した．これは，(15) の S 構造に対して，(16a, b) という2つの異なる LF 構造を与える．

(16)　a.　[IP some boy$_i$ [IP every girl$_j$ [IP t_i loves t_j]]]
　　　b.　[IP every girl$_j$ [IP some boy$_i$ [IP t_i loves t_j]]]

そのうえで May は，(10) の中の「表層構造で」の部分を「LF 構造で」と改めることを提案した．

(17)　文中に2つの数量詞 A, B があり，LF 構造で A が B を構成素統御する場合，A が B より広い作用域を持つ．

(16a) では，some boy が every girl を構成素統御するので，∃>∀ の解釈が得られる．一方，(16b) では，every girl が some boy を構成素統御するので，∀>∃ の解釈が得られる．(17) によれば，(15) の多義性は以上のように説明される．

6.3　作用域の記述方式

6.3.1　数量詞繰り上げ

表示のレベルを，派生の結果得られた構造の集合と定義すると，LF (論

理形式)という表示のレベルを仮定することの妥当性は，LF 部門で適用される規則，つまり，QR という移動操作の存在を支持する根拠がどれほど強固なものであるかにかかっている．そこで，本節では，QR の存在を支持する根拠を 3 点提示する．

　第一の根拠は，LF 部門で適用される QR も移動操作（Move α）の一種であるので，Move α が従う下接の条件（Subjacency Condition）に従うという事実である．次の例を見よう．

(18) a. Someone met the child that talked to everyone. (*∀ > ∃)
　　　b. *It's Mary$_i$ that someone met the child that talked to t_i.
(19) a. Someone wondered whether I talked to everyone. (*∀ > ∃)
　　　b. *It's Mary$_i$ that someone wondered whether I talked to t_i.
(20) a. Someone left the meeting before I talked to everyone. (*∀ > ∃)
　　　b. ?*It's Mary$_i$ that someone left the meeting before I talked to t_i.
(Johnson 1999, 188)

　これらの文の中で，(18b)，(19b)，(20b) の非文法性が示すのは，顕在部門での移動は，それぞれ，複合名詞句制約（Complex NP Constraint），wh 島の制約（wh-island Constraint），付加詞制約（Adjunct Constraint）（これらは，「下接の条件」に含まれる）に従うということである．これをふまえて，(18a)，(19a)，(20a) の文を見てみよう．これらの文は，∃ > ∀ の解釈を持つが，∀ > ∃ の解釈は持たない．この事実は，作用域の原理 (17) と下接の条件によって説明される．

　(17) によると，everyone が someone より広い作用域を持つためには，everyone が someone を LF で構成素統御しなければならない．このような構成素統御関係を得るためには，LF 部門で everyone が，複合名詞句，wh 島，または付加詞節を越えて，主節の someone よりも構造的に高い位置へ移動しなければならない．しかし，QR が Move α の一種であるならば，この移動は下接の条件によって阻止される．このように考えれば，(18a)，(19a)，(20a) で everyone が someone より広い作用域を持

つことができないという事実に対しては，(18b)，(19b)，(20b) が非文であるのと同じ説明を与えることができる．これが，QR 操作を支持する第一の根拠である．

　第二の根拠は，いわゆる「先行詞を含む削除」(Antecedent Contained Deletion: ACD) の解釈に関するものである．ACD とは，(21a) のような VP 削除構文の一種であり，(22a) によって例示される．

(21) a. John likes Mary, and I do, too.
 b. John [$_{VP}$ likes Mary], and I do [$_{VP}$ e], too.
 c. John [$_{VP}$ likes Mary], and I do [$_{VP}$ like Mary], too.
(22) a. John likes everyone that I do.
 b. John [$_{VP}$ likes everyone that I do [$_{VP}$ e]].

(21b)，(22b) はそれぞれ，(21a)，(22a) の S 構造であるが，これらのいずれにおいても，削除によって生じた空所 [$_{VP}$ e] がある．これらの空所は，LF でその意味内容に対応する先行詞を転写 (copy) することによって解釈されると仮定しよう．(21b) では，[e] の部分に先行文中の VP [like Mary] を転写することによって，(21c) の LF 構造が得られる．そこで，同じ転写の操作を (22a) に対して適用すると，(23) のような LF 構造が得られる．

(23) John [$_{VP}$ likes everyone that I do [$_{VP}$ like everyone that I do [$_{VP}$ e]]].

ここで，転写された VP の中には再び，解釈を必要とする空所 [e] が生じている．そこで，もう一度先行詞の VP を転写すると，その結果得られる LF 構造は (24) である．

(24) John [$_{VP}$ likes everyone that I do [$_{VP}$ like everyone that I do [$_{VP}$ like everyone that I do [$_{VP}$ e]]]].

ここでもやはり，解釈を必要とする空所 [e] が残る．この操作は何度繰り返しても同じことなので，正しい解釈を得ることができない (遡及問題 (regress problem))．

この遡及問題は，QR を仮定すると解決できる．(22) で，everyone that I do という名詞句に QR を適用すると，(25) の LF 構造が得られる．

(25)　[everyone that I do [$_{VP}$ e]]$_i$, John [$_{VP}$ likes t_i]

次に，この LF 構造に対して先行詞の VP[like t_i] を転写すると，(26) の LF 構造が得られる．

(26)　[everyone that I do [$_{VP}$ like t_i]]$_i$, John [$_{VP}$ likes t_i]

ここには解釈を必要とする空所 [e] はないので，遡及問題は生じない．さらに，演算子 everyone は like の目的語位置の痕跡を変項として束縛しているので，「演算子は変項を束縛せよ」という要請も満たしている．したがって，(26) は適格な LF 構造である．

このように，QR は (22) のような ACD を含む文の遡及問題を回避し，当該の文に解釈可能な LF 表示を与えるという点で，ACD は，QR の存在を支持する第二の根拠となる．(May (1977) のこの主張に対しては，その後，Baltin (1987)，Larson and May (1990)，Hornstein (1995) などによって反論が繰り返されたが，Kennedy (1997) は，ACD の遡及問題の解消のためにはやはり QR が必要であると論じている．)

QR の存在を支持する第三の根拠は，交差 (crossover) の事実から得られる．まず，英語の wh 句は顕在部門で文頭に移動するが，この移動は，wh 句と同一指標を与えられている代名詞を含む名詞句を越えてはならないという制約に従う．この事実は，交差効果と呼ばれている (交差効果に関する議論は，Postal (1971)，Chomsky (1976)，Koopman and Sportiche (1982)，May (1985)，Hornstein (1995) などを参照)．

(27)　*Who$_i$ did his$_i$ mother give a book to t_i?

次に，(27) と (28) の容認性を比較してみよう．

(28)　*His$_i$ mother gave everyone$_i$ a book．

LF 部門で (28) の everyone に QR を適用すると，(29) の LF 構造が得られる．

(29) [$_{IP}$ everyone$_i$ [$_{IP}$ his$_i$ mother gave t_i a book]]

(29) では，(27) と同じく，演算子が，それと同一指標を与えられている代名詞を越えて移動している．したがって，QR を仮定すれば，(28) の非文法性は，(27) の非文法性と同じ理由によると考えることができる．これが，QR の存在を支持する第三の根拠である．

以上，LF 部門での QR を仮定する根拠として，(a) 複合名詞句，wh 島，付加詞節などの島 (island) の中に含まれる普遍数量詞が，その外で作用域を持つことができない事実を，下接の条件によって説明できる，(b)「先行詞を含む削除」構文に内在する遡及問題を解消できる，(c) 数量詞を含む文に対して，wh 移動 (*wh*-movement) が示す交差効果と同じ説明を与えることができる．これらのことから，LF 部門に QR を仮定することには十分な動機づけがあると考えられる（⇒ 7.1.2, 7.2.2, 7.3.2）．

6.3.2 格照合による A 移動分析

前節では，普遍数量詞の作用域の記述方法として最も一般的に仮定されている，数量詞繰り上げ (QR) 操作について，その証拠を提示してきた．本節では，この QR 分析に対する代案として提案されている A 移動分析を紹介し，それを支持する証拠と，その分析の問題点を指摘する．

Hornstein (1995) は，格照合のためにどのみち必要とされる A 移動によって，数量詞の作用域も決定されると主張している．この主張が正しいならば，数量詞に対してのみ適用される QR という移動規則は，必要ないことになる．Hornstein (1995) で採用されている格照合の理論は，主格名詞句は AGRsP の指定部で，目的格名詞句は AGRoP の指定部で照合を受ける，というものである．(30) を例としてその LF 構造を示すと，(31) のようになる．

(30) Some boy loves every girl.　（∃ > ∀ / ∀ > ∃）

(31)

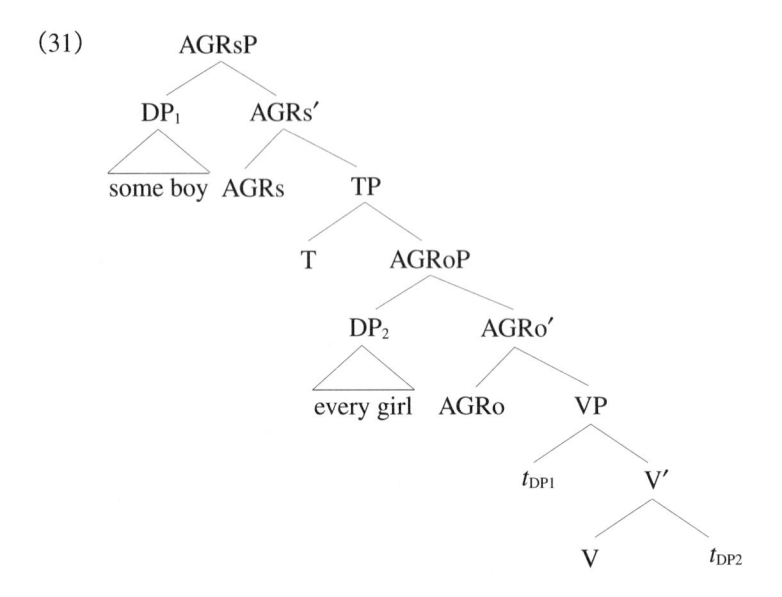

```
           AGRsP
          /     \
        DP₁    AGRs′
        /\     /    \
    some boy AGRs   TP
                   /  \
                  T   AGRoP
                      /    \
                    DP₂    AGRo′
                    /\     /    \
              every girl AGRo   VP
                               /  \
                            t_DP1  V′
                                  /  \
                                 V   t_DP2
```

ここで，VP内主語仮説(⇒6.3.4)を仮定すると，VP指定部には，AGRsP指定部に移動した主語 some boy (DP₁) の痕跡が残されている．したがって，AGRoP の指定部にある every girl (DP₂) は，DP₁ を構成素統御していないものの，DP₁ の痕跡 t_{DP1} を構成素統御している．ここで，数量詞の作用域の計算に当該の数量詞の A 移動の結果残された痕跡も関与できるように，(17)の「作用域の原理」を(32)のように修正する．(32)を仮定すれば，(30)の多義性は，QR 操作を用いることなく説明できる．

(32) LF 構造で，数量詞 A が数量詞 B またはその痕跡を構成素統御する場合，A が B より広い作用域を持つ．

(31)では，DP₁ が DP₂ を構成素統御していることから，(32)によって，∃>∀ の解釈，つまり「すべての少女を愛している少年が1人いる」という解釈が得られる．また，DP₂ が DP₁ の痕跡を構成素統御していることから，∀>∃ の解釈，つまり「少女の集合のメンバーの1人1人について，彼女を愛している少年が少なくとも1人はいる」という解釈が得られる．

以上がHornsteinの主張の根幹である．この主張の重要な点は，数量詞の作用域を決定するうえで，QRの操作を仮定する必要がないという点である．格照合のためのAGRsPまたはAGRoPの指定部への移動は，作用域の決定とは独立に，すべてのDPに対して適用されるので，数量詞の作用域がその移動の帰結として決定されるとすれば，1つの現象を説明するためだけの規則を仮定する必要がなくなる．これは，理論の単純化の観点から優れていると言える．

Hornstein (1995) の分析は，従来のQR分析では捉えられなかったいくつかの事実を説明することができるという利点もある．第一に，数量詞（とくに普遍数量詞）の作用域は，一般に「節境界性 (clause-boundedness) の制約」によって，可能な領域が制限されることが知られている．

(33) 節境界性の制約：補文内の普遍数量詞は，それより上位の節内の存在数量詞よりも広い作用域を持つことができない．

たとえば，定形節補文の主語は，主節主語より広い作用域を持つことができず，(34) のような文においては，∃＞∀の解釈しか許されない．

(34) At least one person expects every Republican will win reelection.

QRはwh移動と同様のA′移動なので，wh移動が (35) のように節境界を越えて長距離に適用できるのと同様，QRも節境界を越えて長距離に適用できるはずである．(34) のevery Republicanは，at least one personを構成素統御する位置へQRによって移動できるので，数量詞の作用域がQRによって決定されるとすると，(34) において∀＞∃の解釈も得られるはずである．

(35) Who$_i$ do you think t_i will win reelection?

一方，数量詞の作用域はそれが格照合される位置で決定されるとすると，(34) のevery Republicanは，補文のIP指定部で格照合されており，格照合のためにこれ以上移動することはないので，この位置で作用域が決定

される．したがって，この DP が at least one person より広い作用域を持つことはないという事実が説明される．

Hornstein の A 移動分析を支持する第二の根拠として，例外的格付与 (Exceptional Case Marking: ECM) 動詞の補文主語の数量詞が，主節主語の数量詞より広い作用域を持つことができるという事実がある．たとえば，(36) は多義的である．

(36)　At least one person considers every Republican to be smart.
　　　(at least one > every, every > at least one)

ECM 動詞の補文主語は，(37) に示すように，補文内ではなく，他動詞の目的語と同様，主節の AGRoP の指定部で対格の照合を受けると仮定しよう (Chomsky 1993)．

(37)

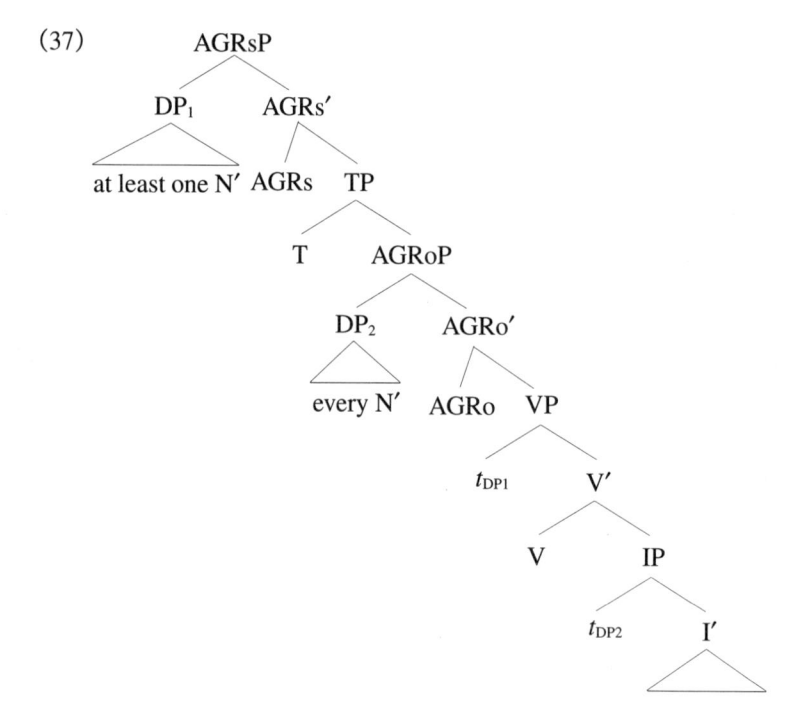

```
            AGRsP
           /     \
        DP₁      AGRs′
       /   \    /    \
  at least one N′  AGRs  TP
                       /  \
                      T   AGRoP
                         /     \
                       DP₂     AGRo′
                      /   \   /    \
                  every N′ AGRo   VP
                                 /   \
                              t_DP1   V′
                                     /  \
                                    V   IP
                                       /  \
                                    t_DP2  I′
```

(30)の構造である(31)と，(36)の構造である(37)は，Vの補部が名詞句であるか節であるかにおいて異なるが，DP_2 が主節の AGRoP の指定部で格照合を受けることに変わりはない．(37)では DP_1 が DP_2 を構成素統御し，DP_2 が DP_1 の痕跡を構成素統御するので，(36)が多義的になる事実は，(30)の多義性と同様，作用域の原理(32)によって説明される．

Hornstein の分析を支持する第三の根拠は，(38a, b, c)の対比に見られる．

(38) a. Someone wants [PRO to marry everyone]. （∃＞∀ / ∀＞∃）
b. Someone wants [himself to marry everyone].
（∃＞∀ / *∀＞∃）　　　　　（Hornstein 1984, 98）
c. Someone hated [PRO to kiss everyone]. （∃＞∀ / *∀＞∃）
（Hornstein 1995, 169）

(38a–c)において，someone は主節にあり，everyone は補文内にある．∀＞∃ の解釈を得るためには，everyone が節境界を越えて主節に移動しなければならないが，節境界性の制約(33)を仮定すると，このような移動は許されないので，(38b, c)の一義性は予測どおりである．これに対して，(38a)において，補文内の目的語である everyone が主節主語の someone より広い作用域を持つことができる事実は，一見すると，QR の節境界性の制約(33)に対する反例となっている．そこで，(38a)の動詞 want の補文に対しては「節の再構造化」(clause restructuring)という操作が(随意的に)適用されると仮定しよう．このとき，want の補文は主節の一部として再分析され，節境界がなくなるため，補文内のeveryone は，(33)に抵触することなく，主節の someone の痕跡を構成素統御する位置へ移動できる．したがって，∀＞∃ の解釈が得られる．(38b, c)で∀＞∃ の解釈が許されないのは，音形のある主語を伴う不定詞節や hate の補文の不定詞節は，再構造化によって主節の一部となることができず，補文内の everyone は，(33)によって，主節へ移動できないためである．((38)の want と同様の性質を示す再構造化動詞には，expect, force, hope, intend, request, need などの願望や要求を表す動詞, start, begin などのアスペクト動詞がある. 再構造化が具体的にどのような統語的操作であるかについては, Roberts (1997) を参照. 再構造化に関連するその他の議論は, Hornstein (1995), Matsuyama (1999), および本シリーズ第4巻『補文構造』(3章)を参照.)

ここで, 節の再構造化が適用されたときにのみ可能となる長距離移動を, A′移動ではなくA移動であると考えるべき理由について見よう. たとえば, イタリア語では, (39b) と (40b) の対比によって示されるように, 再構造化動詞に限って, その補文内の目的語を主節主語位置へ移動させることができるが, 移動された目的語名詞句 queste case は, 主節の動詞 vogliono と数に関して一致しなければならない (Rizzi 1982, 16). イタリア語で, このような一致現象を示すのはA移動に限られることから, 当該の目的語の長距離移動はA移動であると考えなければならない.

(39) a. Si vuole vendere queste case a caro prezzo.
SI wants to sell these houses at a high price
'One wants to sell these houses at a high price.'
b. Queste case$_i$ si vogliono vendere a caro prezzo t_i.
these houses SI want to sell at a high price
(40) a. Si e promesso di construire le nuove case popolari
SI has promised to build the new counsil houses
entro un anno.
in a year
'One wants to build the new council houses in a year.'
b. *Le nuove case popolari$_i$ si sono promesse di construire
the new counsil houses SI has promised to build
entro un anno t_i.
in a year

Hornstein のA移動分析を支持する第四の根拠は, 先行詞を含む削除 (ACD) に関するものである. ACD 構文の遡及問題が, 格照合のための

A 移動によって解消されるとしよう．すると，ACD を含む構成素が付加詞節である場合，付加詞節は格照合を受けないので，それは，たとえ再構造化動詞の補文内にあっても，当該の補文の外に移動することはできないはずである．とすると，VP 削除によって生じた空所 [e] に主節の VP を転写すると，遡及問題が生じるので，当該の空所 [e] には，補文内の VP を転写する解釈しか許されないと予測される．この予測をふまえて，以下の対比を見てみよう．

(41) a. Which student wanted to talk to everyone that Bill did [e].
b. Kollberg wanted to word every question as Beck did [e].

(41a, b) はいずれも，再構造化動詞 want の補文内に ACD があるが，(41a) では，当該の ACD が動詞の目的語位置の数量詞に含まれているのに対して，(41b) では，VP 付加位置の副詞節に含まれている点で異なる．そして，この違いが (41a, b) の解釈の可能性に違いを生じる．(41a) は，[e] に補文内の VP を転写した結果得られる [Which student wanted to talk to everyone that Bill talked to t] という解釈と，[e] に主節の VP を転写した結果得られる [Which student wanted to talk to everyone that Bill wanted to talk to t] という解釈の両方を許し，多義的である．これに対し，(41b) には，[e] に補文内の VP を転写した結果得られる [Kollberg wanted to word every question as Beck worded it] という解釈は許されるが，[e] に主節の VP を転写した結果得られる [Kollberg wanted to word every question as Beck wanted to word it] という解釈は許されない．

Hornstein の理論では，この対比は以下のように説明される．(41a) の [to everyone that Bill did [e]] は動詞 talk の内項であるが，与格の照合のために，補文内の AGRoP 指定部にも主節の AGRoP 指定部にも移動することが許される．補文内の AGRoP 指定部に移動した場合，[e] に補文内の VP の [talked to t] が転写される．一方，主節の AGRoP 指定部に移動した場合，[e] に補文内の VP[talked to t] を転写することも，主節の VP[wanted to talk to t] を転写することもできる．結果として，(41a) は多義的に解釈される．

これに対して，(41b) の [as Beck did [*e*]] は，補文内の VP に付加している副詞節なので，補文内の AGRoP 指定部にも主節の AGRoP 指定部にも移動することができない．したがって，(42) の構造において，補文内の VP[word *t*] を転写することによってしか遡及問題を解消できない．このために，(41b) には，主節の VP を転写した結果得られる [Kollberg wanted to word every question as Beck wanted to word it] という解釈は存在しない．

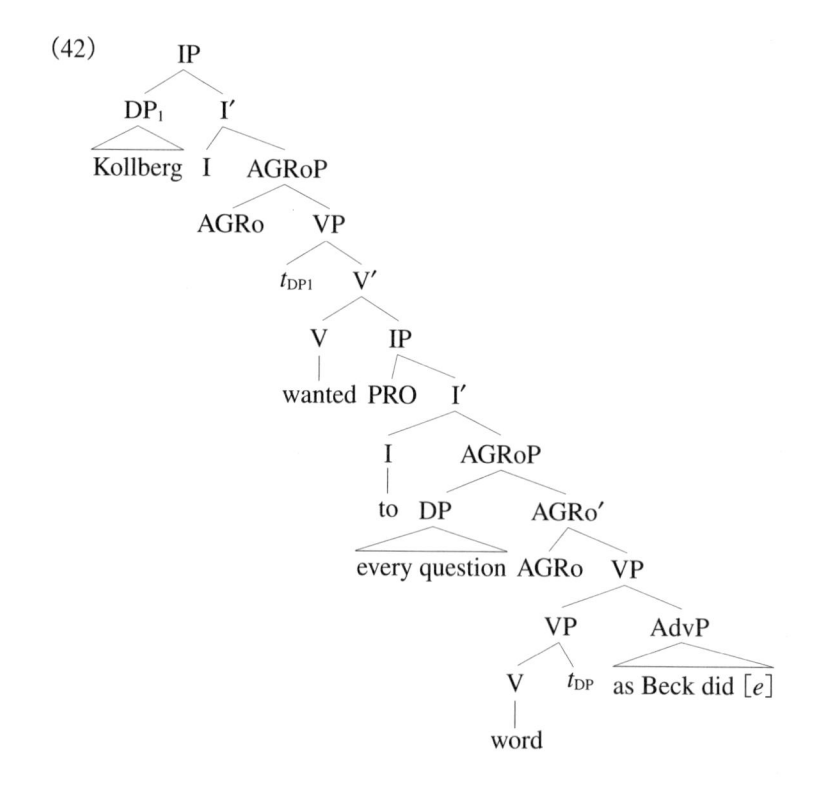

(42)
```
              IP
            ／＼
         DP₁    I′
         ／＼  ／＼
     Kollberg I  AGRoP
              ／＼
           AGRo  VP
                ／＼
             t_DP1  V′
                  ／＼
                 V   IP
                 |  ／＼
              wanted PRO I′
                        ／＼
                       I  AGRoP
                       |  ／＼
                      to  DP  AGRo′
                          ／＼ ／＼
                  every question AGRo VP
                                    ／＼
                                  VP   AdvP
                                 ／＼  ／＼
                                V  t_DP as Beck did [e]
                                |
                              word
```

以上のように，Hornstein (1995) の A 移動分析は，数量詞繰り上げが節境界性の制約に従うという事実，この節境界性の制約には一定の例外があるという事実，そして，ACD に関して，それを含む構成素が動詞の目

的語の場合と付加詞節の場合とで，解釈の可能性が異なるという事実を，特別な操作を導入することなく説明できる．

この分析には，上述のような利点があるが，問題がないわけではない．第一に，Hornstein (1995) は (43) (= (38b)) の一義性を，次のように説明する．補文主語が音形を持つ主語の場合，節の再構造化が許されず，everyone が主節の AGRoP の指定部に格照合のために A 移動できない．したがって，LF 構造で everyone が主節主語である someone の痕跡を構成素統御しないので，everyone が someone よりも広い作用域を持つことができない．しかし，(43) で everyone が主節に移動できないのであれば，(44) の [every book her boss does [e]] も主節に移動できないはずであり，そうすると，[e] に対して主節の VP を転写すると遡及問題が生じるので，主節の VP を転写した結果得られる [Betsy's father wants her to read every book her boss wants her to read t] の解釈は許されないはずであるが，実際には，空所 [e] に対して補文内の VP を転写した結果得られる [Betsy's father wants her to read every book her boss reads t] の解釈に加えて，上記の解釈も可能である．

(43) Someone wants [himself to marry everyone]. （∃ > ∀ / *∀ > ∃）
(44) Betsy's father wants [her to read every book her boss does [e]].

第二に，ACD を含む要素が副詞である場合，VP 削除によって生じた空所 [e] に主節の VP を転写する解釈が許されないという事実 (= (45)) を，Hornstein は，副詞は格照合のための A 移動を受けないためであると説明したが，副詞句内の ACD に主節の動詞句を転写する解釈が許される事例がある (Kennedy 1997, 676–677)．

(45) Kollberg wanted to word every question as Beck did [e]. (= (41b))
(46) a. Jones says he wants to word the proposal in the same way I do [e], but I'm not sure that I can trust him to do so.
　　 b. Tim likes to perform in the same clubs that Bill does [e].

(46a, b) において，[e] にはそれぞれ，[want to word t], [like to perform t] という VP を転写する解釈が許される．この事実を説明するためには，当該の副詞句を主節まで移動しなければならないが，格照合のために副詞句を移動させることはできない．したがって，Hornstein の A 移動分析は，(46a, b) の多義性を説明できない．

一方，QR 分析のもとでは，(45) の一義性と (46a, b) の多義性の間の対比は，次のように説明される．(45) において [as Beck did [e]] は数量詞ではないので，LF で QR を適用されることはない．したがって，[e] に対して主節の VP を転写することはできず，結果として，[Kollberg wanted to word every question as Beck wanted to word] という解釈は許されない．一方，(46b) において，[the same clubs that Bill does [e]] は数量詞であるので，QR によって主節の VP の外へ移動できる．この移動の結果，[e] に主節の VP を転写することが可能となり，[Tim likes to perform in the same clubs that Bill likes to perform in] の解釈が得られる．したがって，(45) と (46) の対比の事実は，A 移動分析に対する反例になると同時に，QR 分析に対する証拠となる．

第三に，ACD を含む数量詞句が名詞句内に含まれていても，容認可能であるという事実がある (Kennedy 1997, 680)．

(47) a. Beck read a report on every suspect Kollberg did [e].
b. Melender requested copies of most of the tapes Larsson did [e].

Hornstein の格照合理論によれば，(47a) において AGRoP の指定部に移動されるのは，[every suspect Kollberg did [e]] ではなく，[a report on every suspect Kollberg did [e]] である．その移動の結果を示したのが (48a) である．そして，(48a) に対して VP の転写が適用されると，(48b) の解釈が得られる．

(48) a. [IP Beck [AGRoP [a report on every suspect Kollberg did [e]]i [VP read t_i]]]

b. Beck read a report on every suspect Kollberg read.

しかし (47a) の解釈は，(48b) ではなく，(49) である．

(49)　Beck read a report on every suspect Kollberg read a report on.

この解釈を得るためには，動詞 read の目的語全体ではなく，その一部である [every suspect Kollberg did [e]] の部分だけを VP の外に移動させなければならないが，当該の名詞句は前置詞 on によってすでに格照合されているので，格照合のために VP の外に移動する必要はない．したがって，このような A 移動は原理的に許されない．とすると，(47a) の空所 [e] に対して [read a report on t] という VP を転写することはできないので，(49) の解釈を得ることはできない．一方，QR 分析のもとでは，名詞句内部にあるより小さい名詞句であっても，それが数量詞であるかぎり，QR によって移動可能である．この移動の結果，(50) の LF 構造が得られ，その構造をもとに，[e] に [$_{VP}$ read a report on t_i] を転写すると，(49) の解釈が得られる．

(50)　[every suspect Kollberg did [e]]$_i$ Beck read a report on t_i.

したがって，(47a, b) の事実は，A 移動分析に対する反例になると同時に，QR 分析に対する証拠となっている．

　以上のように，QR 分析と A 移動分析はそれぞれに一長一短があり，数量詞の作用域の記述方法として，いずれが正しいのか，あるいは，いずれも正しくないのかは，今後の研究によって明らかにされるべき課題である．(数量詞の作用域の記述方法について，さらに詳しくは，Beghelli (1995), Kayne (1998), Fox (2000) などを参照．)

6.3.3　wh 併合

　これまで主に，普遍数量詞の作用域の記述方法について述べてきたが，本節では wh 句の作用域の記述方法について述べる．

　英語のように顕在部門で wh 移動がある言語では，移動された wh 句

の作用域は，移動先で決定される(具体例については，第7章を参照)．しかし，多重疑問文において，移動を受けずに元位置に残される wh 句(*wh-in-situ*)がどのように作用域を決定されるかについては，明らかではない．実際，*wh*-in-situ の作用域は，LF 部門での wh 移動によって決定されるという立場と，移動以外の方法によって決定されるという立場の，2つがある．また，いずれの立場をとるにしても，多重疑問文が実際に受ける解釈をどのような論理構造に表すべきかは，明らかではない．以下では，多重疑問文の解釈を説明するために，Higginbotham and May (1981) によって提案された，wh 併合(*wh*-absorption)について述べる．

多重疑問文の (51) に対しては，(52a, b) に示す2通りの答え方が可能である．いずれも，男性と女性との間に1対1の対応関係が成り立っているという点では同じであるが，(52b) の解釈は，男性の集合も女性の集合も複数のメンバーからなっている点で，(52a) の解釈と異なっている．

(51) Which man saw which woman?
(52) a. Bill saw Susan.
 b. Bill saw Susan, and John saw Mary, and . . .

まず，(51) の S 構造(および LF 構造)は (53a) であり，その論理構造は (53b) のように表されるとしよう．

(53) a. [$_{CP}$ Which man$_i$ [$_{C'}$ C [$_{IP}$ t_i saw which woman]]]
 b. (WH x: x a man)(WH y: y a woman) [x saw y]

(53b) では，演算子 WH x と演算子 WH y が，それぞれ変項 x と変項 y を束縛しており，それぞれの演算子に対応する制限節が x も y も単数であることを示しているので，(52a) の答え方は，この論理構造と合致する．つまり (52a) は，変項 x に対して Bill，変項 y に対して Susan という定項を代入した場合の答え方である．しかし，(52b) の答え方は，(53b) の論理構造とは合致しない．(53b) の論理構造は，「Bill と John が Susan と Mary を見た」という意味には対応しているが，男性と女性との間に1対1の対応関係が成り立っていることまでは表していないからである．

そこで，Higginbotham and May (1981) は，「wh 併合」という操作を提案した．これは，それぞれが唯一の変項を束縛する wh 演算子の組を含む表示から，複数の変項を束縛する 1 つの複合 wh 演算子を含む表示を作る操作である．この操作を (53b) に適用すると，論理構造 (54) が得られる．

(54) (WH x, WH y: x a man & y a woman) [x saw y]

この論理構造における演算子 WH x，WH y は，男性と女性の組み合わせに対して量化を行っている．したがって，(52b) のように変項 x を満たす値と変項 y を満たす値の組み合わせを，答えとして要求する．

wh 併合は，多重疑問文の解釈のためだけではなく，*wh*-in-situ の作用域を決定するさいにも役割を果たす．まず，下に再録した (18)–(20) で示すように，下接の条件は，顕在部門での移動のみならず，潜在部門での移動も制限すると考えるだけの十分な根拠がある．(18a)，(19a)，(20a) が ∀>∃ の解釈を受けるためには，everyone が LF で，それぞれ複合名詞句，wh 島，付加詞節の内部から主節の主語である someone を構成素統御する位置へ移動しなければならないが，この移動が下接の条件に抵触するために非文となっている．

(18) a. Someone met the child that talked to everyone. (*∀ > ∃)
　　 b. *It's Mary$_i$ that someone met the child that talked to t_i.
(19) a. Someone wondered whether I talked to everyone. (*∀ > ∃)
　　 b. *It's Mary$_i$ that someone wondered whether I talked to t_i.
(20) a. Someone left the meeting before I talked to everyone. (*∀ > ∃)
　　 b. ?*It's Mary$_i$ that someone left the meeting before I talked to t_i.

これをふまえたうえで，以下の例を見てみよう．

(55) a. Who read the book that criticized who?
　　 b. Who wonders where you bought what?

c. Who left before you read what?

　これらの多重 wh 疑問文では，主節の CP 指定部を占める wh 句と *wh*-in-situ の間に，それぞれ複合名詞句，wh 島，付加詞節という島が介在する．このため，もし多重疑問文における *wh*-in-situ が，LF で主節の CP 指定部まで移動しなければならないとすると，(55a–c) は，(18a)，(19a)，(20a) と同様，下接の条件の違反として排除されるはずである．しかし (55a–c) は容認可能であり，主節の wh 句と *wh*-in-situ の組み合わせの解釈が可能である．たとえば，(55a) に対しては，(56) の答え方が可能である．

(56) John read the book that criticized Chomsky, Bill read the book that criticized Hornstein, and Tom read the book that criticized Lasnik.

wh-in-situ が，顕在部門ですでに移動されている wh 句との間で wh 併合の操作を受けるとすれば，組み合わせの解釈が可能である事実が説明できるうえ，wh 併合は移動操作ではないので，*wh*-in-situ の生起が島の制約に従わないという事実も同時に説明できる．

　以上の議論をまとめると，次のようになる．同じ演算子であっても，その意味タイプに応じて，LF 部門で作用域が決定される方法は異なる．everyone などの普遍数量詞の作用域は LF 移動によって決定されるため，下接の条件によって，島の外で作用域をとることはできない．一方，*wh*-in-situ は，LF 移動によることなく，wh 併合によってその作用域を決定されるので，島の中に生じても，島の外で作用域をとることができる．

6.3.4 写像仮説

　写像仮説 (Mapping Hypothesis) とは，firemen のような裸複数名詞句が，一定の述部の主語となった場合，多義的な解釈を受けるという事実を捉えるために，Diesing (1992) によって提案された仮説である．

　この仮説は「VP 内主語仮説」に依存しているので，まず，VP 内主語

仮説について概説しておきたい(詳しくは,Kuroda (1988), Fukui (1986), Sportiche (1988), Koopman and Sportiche (1991), Diesing (1992),および,本シリーズ第3巻『文の構造』などを参照).

従来,主語は(57)のように,IP指定部に基底生成されると考えられていた.これに対して,VP内主語仮説では,文の主語はVP指定部に基底生成され,派生のある時点でIP指定部に移動すると考える.これによると,英語の文のS構造は(58)のようになる.

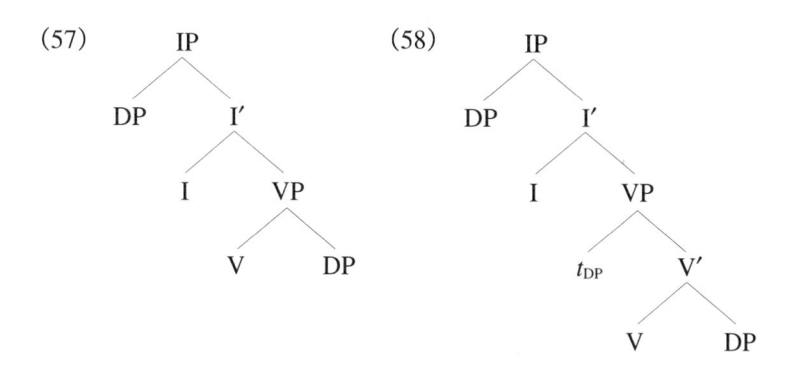

(57)　　　　IP　　　　　　(58)　　　　IP
　　　　　／＼　　　　　　　　　　　／＼
　　　　DP　I′　　　　　　　　　DP　I′
　　　　　　／＼　　　　　　　　　　　／＼
　　　　　I　VP　　　　　　　　　　I　VP
　　　　　　　／＼　　　　　　　　　　　／＼
　　　　　　V　DP　　　　　　　　　t_{DP}　V′
　　　　　　　　　　　　　　　　　　　　／＼
　　　　　　　　　　　　　　　　　　　V　DP

(57)では主語の位置が1つしかないのに対して,(58)ではそれが2つある.このことから,主語がLF部門で,IP指定部にとどまる可能性と,元位置であるVP指定部に戻される(再構築される)可能性が生じる.

ここで,文(sentence)は,演算子(operator)と制限節(restrictive clause)と中核作用域(nuclear scope)に3分割される,というLewis (1975)の主張を採用しよう.(14)を例にとると,(14a)からQRによって(14b)のLF構造が派生され,(14b)から(14c)の論理構造が派生される(例文再録).

(14) Everyone left.
　　a. [IP everyone [VP left]] （S構造）
　　b. [IP everyone$_i$ [IP t_i left]] （LF構造）
　　c. (every x: x a man) [x left] （論理構造）

(14c) の論理構造において，[every x] の部分が演算子，[x a man] の部分が制限節で x が何であるかを指定しており，[x left] の部分が中核作用域である．

さらに，Heim (1982) に従い，(裸複数名詞句を含む)不定名詞句は，それがどのような演算子によって束縛されるかに応じて，異なった解釈を持ちうると仮定しよう (⇒ 9.2)．

以上の枠組みのもとで，Diesing は (59) を提案している (Diesing 1992, 10)．

(59)　写像仮説：
　　　a.　VP の領域にある要素は，中核作用域に写像される．
　　　b.　IP の領域にある要素は，制限節に写像される．

不定名詞句は，中核作用域に写像されれば存在量化 (existential quantification) を受け，制限節に写像されれば総称量化 (generic quantification) を受ける．たとえば，主語位置の裸複数名詞句は，LF で VP 内に再構築されると存在量化の解釈を受けるのに対し，IP 指定部にとどまれば総称量化の解釈を受ける．以上の提案を図示すると，(60) となる．

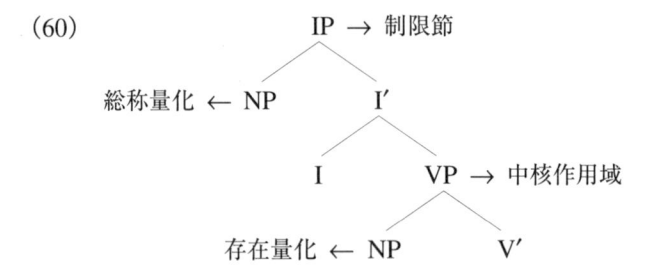

(60)
```
                IP → 制限節
               /  \
   総称量化 ← NP    I′
                  /  \
                 I    VP → 中核作用域
                     /  \
         存在量化 ← NP    V′
```

上の構造を念頭に置いて，(61a) の例を考えてみよう．

(61)　a.　Firemen are available.
　　　b.　[$_{IP}$ firemen$_i$ [$_{VP}$ t_i are available]]

(61a)は，「(いま現在，消防署に)待機中の消防士がいる」という解釈と，「消防士はふつう，いついかなるときも(消防署に)待機中である」という2つの解釈を持ち，多義的である．前者の解釈は存在量化の解釈である．これに対して，後者の解釈は総称量化の解釈と呼ばれ，消防士という職業に携わる人びとの一般的性質を述べた文である．

(61a)のこの多義性は，不定名詞句に関する Heim の主張と写像仮説に基づくと，次のように説明される．(61b)の S 構造において，firemenは IP 指定部にあるが，この名詞句は，LF でもこの位置にとどまる可能性と，LF で元位置である VP 指定部に再構築される可能性がある．前者の場合，総称量化を受けるので，「消防士はふつう，いついかなるときも(消防署に)待機中である」という解釈が得られる．一方，後者の場合，存在量化を受けるので，「(いま現在，消防署に)待機中の消防士がいる」という解釈が得られる．(61a)の多義性は，このように説明される．

ここまでの議論に基づくと，(61a)のように裸複数名詞句を主語とする文は，常に多義的な解釈を受けると予測される．しかし，(62)は多義的でなく，総称量化の解釈しか許されない．

(62) Firemen are altruistic.

主語の裸複数名詞句が存在量化の解釈を受けられるか否かは，述部(predicate)の特性によって決まる．Kratzer (1989) は述部を，available, sick, asleep のように，一時的な状態を表す述部(ステージレベル (stage-level) 述部)と，altruistic, rude, blond のように，永続的な状態を表す述部(個体レベル (individual-level) 述部)に分けている．この区別を前提にして，Diesing (1992) は，次のように主張している．ステージレベル述部を選択する I は繰り上げ述部(raising predicate)であって，IP 指定部にある主語は VP 指定部から繰り上げられたものであるが，個体レベル述部を選択する I はコントロール述部(control predicate)であって，その指定部にある主語は IP 指定部に基底生成され，VP 指定部の PRO をコントロールする．このことを図示すると，それぞれ (63)，(64) のようになる．

(63) ステージレベル述部　　(64) 個体レベル述部

```
        IP                        IP
       /  \                      /  \
     DPᵢ   I'                  DPᵢ   I'
          /  \                       /  \
         I    VP                    I    VP
             /  \                       /  \
            tᵢ   V'                   PROᵢ  V'
                /  \                       /  \
               V    DP                    V    DP
```

(63)では，主語 DP はもともと VP 指定部にあって，そこから IP 指定部に移動したので，LF で VP 指定部に再構築される可能性があり，結果として，(61a) の主語には存在量化の解釈と総称量化の解釈の両方が許される．これに対して，(64) の主語 DP はもともと IP 指定部にあって，VP 指定部は PRO が占めているので，IP 指定部の主語 DP が VP 内に再構築される可能性はない．したがって，(62) の主語には総称量化の解釈しか許されない．

　(61) の firemen のような裸複数名詞句が，存在量化と総称量化の 2 通りの解釈を持つのは，裸複数名詞句は不定名詞句の一種であって，不定名詞句は，それが制限節にあるか中核作用域にあるかに応じて，異なった解釈を持ちうるからである．すべての不定名詞句がこのような性質を持つとすると，firemen のような裸複数名詞句のみならず，someone や a boy のような不定名詞句も，それが制限節に写像されるか中核作用域に写像されるかに応じて，2 つの解釈を持ち，多義的であると予測される．実際，(65) には多義性がある．

　(65) Every boy loves some girl.

1 つの解釈は，「少年の 1 人 1 人に対して，彼が愛している（異なった）少女が存在する」という存在量化の解釈（非特定的解釈）であり，もう 1 つの解

釈は，「ある1人の少女がいて，彼女はすべての少年に愛されている」という特定的解釈である．ここで「特定的」とは，「少なくとも話者には，その少女が誰を指すかがわかっている」ということである．Diesing (1992) によれば，前者の解釈は (66a) のように，some girl が LF でも VP 内部にとどまり，中核作用域に写像される場合の解釈であり，後者の解釈は (66b) のように，some girl が LF で QR によって IP 付加位置 (every boy よりも高い位置) へ移動し，制限節へ写像される場合の解釈である．

(66) a. [$_{IP}$ every boy$_1$ [$_{IP}$ t$_1$ [$_{VP}$ loves some girl]]]
  b. [$_{IP}$ some girl$_2$ [$_{IP}$ every boy$_1$ [$_{IP}$ t$_1$ [$_{VP}$ loves t$_2$]]]]

しかし，このように，不定名詞句 some girl の特定的解釈が IP 付加位置への移動によって得られるという主張には，問題がある．このような派生を認めるならば，(65) にはもう1つ可能な LF 構造が存在する．(66c) を考えてみよう．

(66) c. [$_{IP}$ every boy$_1$ [$_{IP}$ some girl$_2$ [$_{IP}$ t$_1$ [$_{VP}$ loves t$_2$]]]]

(66b) では，主語の every boy が IP に付加した後で，目的語の some girl が IP に付加しているが，(66c) では，目的語の some girl が IP に付加した後，主語の every boy が IP に付加している．このとき，some girl は every boy に構成素統御され，every boy の作用域の内部に含まれるので，some girl が every boy に依存し，かつ特定的であるような解釈が得られるはずである．この場合，少女は少年の数に対応して複数いてもかまわないが，その少女の1人1人が誰を指すかは，少なくとも話者にはわかっていなければならない．

実際，Diesing は，(65) にはこのような解釈が存在し，その LF 構造は (66c) であると述べている (Diesing 1992, 65–68)．しかし，存在数量詞が普遍数量詞に依存し，かつ，特定的であるような解釈は，常に許されるわけではない．Fodor and Sag (1982) によれば，(67) には，(65) と同様，(68a–c) の3通りの解釈がすべて存在するが，(69) には (70a, b) の2通りの解釈しか存在しない．

(67) Each teacher thinks that a student of mine was called before the dean.

(68) a. (each teacher: x) [x thinks that [(a student of mine: y) [y was called before the dean]]] (each > a; a = 非特定的)
b. (a student of mine: y) (each teacher: x) [x thinks that [y was called before the dean]]] (a > each; a = 特定的)
c. (each teacher: x) (a student of mine: y) [x thinks that [y was called before the dean]]] (each > a; a = 特定的)

(69) Each teacher overheard the rumor that a student of mine had been called before the dean.　　(Fodor and Sag 1982, 374)

(70) a. (each teacher: x) [x overheard the rumor that [(a student of mine: y) [y had been called before the dean]]] (each > a; a = 非特定的)
b. (a student of mine: y) [(each teacher: x) [x overheard the rumor that [y had been called before the dean]]] (a > each; a = 特定的)
c. *(each teacher: x) (a student of mine: y) [x overheard the rumor that [y had been called before the dean]]] (each > a; a = 特定的)

　(68a) と (70a) で，学生は非特定的である．(68b) と (70b) で，学生は特定的であり，かつ，1人しかいない．(68c) と (70c) で，学生は特定的であり，かつ，先生の数に対応して複数いてもかまわない．第三の解釈は，LF 構造 (66c) から導かれる (65) の解釈と平行的であり，(67) にはこの解釈が許されるが，(69) にはこの解釈は許されない．

　(69) では，each teacher と a student of mine の元位置の間に島（複合名詞句）が介在するのに対して，(67) では島が介在しないという点で，両者は異なる．しかし，島の介在が，a student of mine の特定的解釈を妨げているとは言えない．(70b) では，a student of mine の特定的解釈が可能だからである．また，島の介在が，a student of mine が each teacher に依存する解釈を阻止しているとも言えない．(70a) で前者が後者に依存

する解釈が可能だからである．島の介在によって阻止されているのは，a student of mine が each teacher に依存し，かつ，特定的であるような解釈である．しかし，a student of mine が IP 付加位置へ移動することによって特定的解釈が得られ，each teacher によって構成素統御されることによって，a student of mine が each teacher に依存する解釈が得られるのであれば，(69) に対する LF 構造 (71) から，当該の解釈が得られてもよいはずである．

(71)　[IP Each teacher$_1$ [IP t_1 overheard the rumor that [IP a student of mine$_2$ [IP t_2 had been called before the dean]]]]

(71) で，a student of mine の移動は複合名詞句を越えていないので，当該の派生は下接の条件に抵触していない．(69) に対して (70a, b) の解釈が許され，(70c) の解釈が許されない事実を下接の条件によって説明するためには，a student of mine は，each teacher に依存し，かつ，特定的である解釈を受けるときにのみ，QR によって，each teacher と同一節の IP 付加位置まで移動する，と仮定しなければならないが，この仮定には何ら必然的な理由がない．

　以上の理由から，「不定名詞句は，IP 付加位置へ移動することによって特定的解釈を受ける」という Diesing の主張には，疑問が残ると言える．ただし，(65) から (70) までの事実は，Diesing の理論のみならず，不定名詞句の特定的解釈と非特定的解釈の違いを統語的に説明しようとするすべての理論にとって問題であり，今後の研究によって解明されなければならない．

　以上，Diesing (1992) の写像仮説によって，裸複数名詞句が，存在量化と総称量化の 2 通りの解釈を受ける事実，および，someone などの不定名詞句が特定的解釈と非特定的解釈の 2 通りの解釈を受ける事実が，どのように説明されるかを示し，特定的解釈が IP 付加位置への移動によって決定されるという主張には，疑問が残ることを指摘した．

6.4 ま と め

　本章では，論理構造とは何か，および，数量詞の解釈のために論理形式という表示のレベルが理論的に必要である理由を述べ，論理形式とそこに至る LF 部門で適用される QR を支持する根拠を提示した．また，QR 分析に対する代案として，Hornstein (1995) の A 移動分析を紹介し，その問題点を指摘した．また，*wh*-in-situ の作用域の記述方法として提案されている Higginbotham and May (1981) の「wh 併合」，不定名詞句が持つ解釈上の多義性を説明するための試みである Diesing (1992) の「写像仮説」を概観し，不定名詞句の特定的解釈に対する Diesing の分析の問題点を指摘した．（数量詞の作用域の記述方法についての Hornstein (1995) 以降の分析は，Beghelli (1995), Kennedy (1997), Kayne (1998), Fox (2000) などを参照．）

第7章 演算子の作用域

　第6章では，数量詞の作用域はQRまたはA移動(と再構築)によって，wh句の作用域はwh移動またはwh併合によって，決定されると論じた．この結論をふまえて，本章では，演算子の作用域について，さらに詳しく検討する．

7.1 数量詞間の作用域関係

7.1.1 単文の場合

　作用域の原理(1)（第6章の(32)を再掲)と，すべての数量詞がLF部門でQRを受けるという仮定に基づくと，2つの数量詞が同一単文中に生じた場合，いずれの数量詞も他方より広い作用域を持てると予測する．

（1）　LF構造で，数量詞Aが数量詞Bまたはその痕跡を構成素統御する場合，AがBより広い作用域を持つ．

(2)のように，普遍数量詞と存在数量詞が同一単文中に生じた場合，その解釈が多義的となることはすでに指摘したが，同じことは，(3)のように，複数の存在数量詞が同一単文中に生じた場合にもあてはまる．

（2）　Some boy loves every girl.
（3）　Two students read three books.

(3)の2つの存在数量詞のうち，主語位置のものを∃1，目的語位置のものを∃2と呼ぼう．このとき，(3)には次の3通りの解釈が存在する．
(a)「2人の生徒のおのおのについて，彼らが読んだ(互いに異なりうる)3

冊の本が存在する(最大 6 冊の異なる本が存在しうる)」(∃1 > ∃2 の解釈),(b)「3 冊の本のおのおのについて,それらを読んだ(互いに異なりうる) 2 人の生徒が存在する(最大 6 人の異なる生徒が存在しうる)」(∃2 > ∃1 の解釈),(c)「2 人の生徒からなる集合と 3 冊の本からなる集合が存在し,2 人の生徒のおのおのがその 3 冊の本のおのおのを読んだ(生徒は 3 人以上存在せず,本も 4 冊以上存在しない)」(∃1 と ∃2 が互いに独立の解釈,∃1 = ∃2 の解釈).

このうち,(a) と (b) の解釈は,(4) の LF 構造から得られる.

(4) [$_{IP}$ three books$_i$ [$_{IP}$ two students$_j$ [$_{IP}$ t_j [$_{VP}$ read t_i]]]]

ここで,three books は two students を構成素統御し,two students は three books の痕跡を構成素統御するので,原理 (1) により,(3) の多義性が説明される.これに対して,(c) の解釈に相当する LF 表示を,QR を用いた理論でどのように記述するかは,現在のところ明らかでない.

QR は,複数の数量詞の間の階層関係を入れ替える操作であるので,同一単文中に 2 つの数量詞 A, B が生じている場合,A が B より広い作用域を持つ解釈と,B が A より広い作用域を持つ解釈の,少なくとも 2 つの解釈が常に得られると予測されるが,実際には,この予測に反する事例がいくつかある.それらは,数量詞の意味に原因がある場合と,数量詞の生じる構文に原因がある場合の 2 タイプに分けることができる.

まず,数量詞の意味に原因があって解釈の幅が制限されるのは,(5a, b) のように,数量詞が修飾語句を伴う場合である (Liu 1990, 14–16).

(5) a. Two students read exactly five books. (∃1 > ∃2, ∃1 = ∃2)
b. At least two students read exactly five books. (∃1 > ∃2)

(5a) には「2 人の生徒のおのおのについて,彼らが読んだ(互いに異なりうる) 5 冊の本が存在する」という解釈 (∃1 > ∃2) と「2 人の生徒からなる集合と 5 冊の本からなる集合が存在し,彼らのおのおのがその 5 冊の本のおのおのを読んだ」という解釈 (∃1 = ∃2) が存在する.一方,(5b) には「少なくとも 2 人の生徒のおのおのについて,彼らが読んだ(互いに異

なりうる) 5 冊の本が存在する」という解釈 (∃1 > ∃2) しか存在しない. (5a, b) に共通するのは, 主語の数量詞が目的語の数量詞に依存する解釈 (∃2 > ∃1) は存在しない, ということである. この事実は, exactly five books のようなタイプの目的語の数量詞には, QR を適用できないことを示唆する. このような性質を示す数量詞には, exactly five books, one third of the books, fewer than three books, about ten books などがある (これらの事実の分析については, Liu (1990), Beghelli (1995) を参照).

これに対して, 数量詞が生じる構文に原因があって, 解釈の幅が制限される事例もある. 第一に, (6a, b) のような与格交替を伴う例を見てみよう.

(6) a. John sent something to everyone. (∃ > ∀ / ∀ > ∃)
b. John sent someone everything. (∃ > ∀ / *∀ > ∃)

(Hornstein 1995, 115)

(6a) は与格構文であり, (6b) は二重目的語構文である. これら 2 つの構文のいずれにおいても, S 構造では左にある数量詞が右にある数量詞を構成素統御することが知られている(本シリーズ第 3 巻『文の構造』(4.3 節)を参照). (6a) の与格構文では, S 構造での階層関係を反映した解釈に加えて, S 構造での階層関係とは逆の解釈も可能である. これに対して, (6b) の二重目的語構文では, S 構造での階層関係を反映した解釈しか許されない.

(6a) の多義性は, QR を用いた理論では, 次のように説明できる. everyone を LF で IP に付加することにより, (7) の LF 構造が得られる.

(7) [$_{IP}$ everyone$_i$ [$_{IP}$ John sent [$_{VP}$ something to t_i]]]

ここで, everyone が something を構成素統御し, something が everyone の痕跡を構成素統御するので, 作用域の原理 (1) により, (6a) の解釈は多義的となる.

(6b) に, S 構造での階層関係を反映した解釈しか存在しない事実は,

QRを用いた作用域の理論にとって，一見，問題となる．everything を LF で IP に付加すれば，(6a) の場合と同様，everything が someone を構成素統御し，someone が everything の痕跡を構成素統御する構造が得られる．したがって，(1) によれば，(6b) も (6a) と同様，多義的となるはずである．(6b) に，∀>∃ の解釈が存在しない事実を説明するためには，everything は LF で VP の外側に移動できないとしなければならない．しかし，(6b) の everything には，LF 部門で VP の外側に移動していることを示す証拠がある．

（8） John gave Frank everything that I did [$_{VP}$ e].

(Hornstein 1995, 178)

(8) は，先行詞を含む削除（ACD）の一例であるが，John gave Frank everything that I gave Frank. という解釈を持つ．(8) がこのように解釈されるためには，[everything that I did [$_{VP}$ e]] という名詞句全体が VP の外側に移動されていなければならない（⇒ 6.3.1）．二重目的語構文の直接目的語が，LF で VP の外に移動しているとすると，移動先で，VP 内にある間接目的語を構成素統御するはずであり，そうすると，(6b) で ∀>∃ の解釈が許されるはずである．この意味で，(6b) の一義性は，作用域の原理 (1) にとって問題となるわけである．この問題を解消するためには，当該の直接目的語が，VP 内にある間接目的語を構成素統御しない形で VP の外に移動できるような，何らかのメカニズムを考えなければならない（この方向での具体的な解決案は，Hornstein (1995) を参照）．

構文に基づく理由で多義的解釈が得られない第二の事例は，否定文である．

（9） a. Someone loves everyone. （∃>∀ / ∀>∃）
b. Someone doesn't love everyone. （∃>∀ / *∀>∃）

すでに見たとおり，(9a) が多義的である事実は，QR 分析でも A 移動分析でも説明可能である．しかし，(9b) の一義性を QR 分析で説明するのは，困難である．everyone の IP 付加位置への移動は，動詞の目的語の

A′ 移動であるが，当該の A′ 移動が否定要素を越えて適用できないとする理由は見あたらない（What didn't you buy? は容認可能である）．したがって，QR 分析では，(9b) は (9a) と同様，多義的であるという誤った予測をする．

Hornstein (1995, 168–169) は，A 移動分析のもとで，(9b) の一義性を次のように説明している．まず，(9b) のような否定文は，主語が IP 指定部に基底生成され，VP 指定部の PRO をコントロールする構造を持つと仮定する．

(10)　[$_{IP}$ someone$_i$ does not ... [$_{AGRoP}$ ... [$_{VP}$ PRO$_i$ [$_{V'}$ love everyone]]]]

この構造が与えられると，目的語の everyone が，格照合のために LF で VP 指定部（PRO）を越えて AGRoP の指定部へ A 移動を受けても，移動先から everyone が someone（またはその痕跡）を構成素統御することはない．したがって，(9b) には ∃>∀ の解釈しか存在しないと説明される．

しかし，否定文の主語が IP 指定部に基底生成され，VP 指定部の PRO をコントロールするという分析には，問題がある．この分析では，否定文の主語位置に不定名詞句が生じた場合，Diesing の写像仮説によれば，それは必ず否定要素より広い作用域の解釈（特定的解釈）のみを許すはずだが，実際には，(11a) の a 44 caliber pistol や (11b) の firemen from Connecticut には，not より狭い解釈（非特定的解釈）も存在する（Kroch 1974, 74, 129）．

(11)　a.　A 44 caliber pistol wasn't available in the gunshop.
　　　b.　Firemen from Connecticut didn't show up at the Chelsea fire.

不定名詞句が not より狭い解釈を持つためには，(11a, b) は，not が不定名詞句を構成素統御する (12a) の LF 構造を持たなければならない．そのためには，否定文の主語も，(12b) のように，VP 内に痕跡を残して IP 指定部に移動していなければならず，Hornstein (1995) が主張するように，否定文の主語はすべて IP 指定部に基底生成される，とは言えない．

(12) a.　[IP ... not ... [VP NP [V′ V ...]]]
　　　b.　[IP NPi ... not ... [VP ti [V′ V ...]]]

つまり，QR分析でもA移動分析でも，(9b)の一義性と(11)の多義性の両方に対する，満足のいく説明がなされているとは言えない．

構文に基づく理由で多義的解釈が消える第三の事例は，(13)のように，2つの数量詞を含む文とVP削除を含む文が関係づけられる場合である．

(13)　A boy admires every teacher. Mary does [e], too.
　　　(∃ > ∀ / *∀ > ∃)

(13)の前半の文では，存在数量詞が普遍数量詞より広い作用域を持つ解釈，つまり，S構造の階層関係を反映した解釈のみが可能である．このことから，Sag (1976)とWilliams (1977)は，省略 (ellipsis) を含む文に先行している文では常に，S構造の階層関係を反映した解釈のみが許されるようなVP削除の理論を提案している．

省略を含む文に先行していても，S構造の階層関係と逆の解釈が存在する事例が，Hirschbühler (1982)やFox (2000)によって指摘されている．

(14) a.　I introduced one of the boys to every teacher, and Bill did [e], too.
　　b.　One of the boys was introduced to every teacher, and one of the girls was [e], too.　　　　　　　(Fox 2000, 31)
(15) a.　A Canadian flag is in front of every building, and an American flag is [e], too.　　　　　　　(*ibid*., 30)
　　b.　A boy admires every teacher. A girl does [e], too. (*ibid*.)

(14a, b)および(15a, b)において，前半の文では，∃ > ∀の解釈も∀ > ∃の解釈も可能である．しかし，このことから，(13)の一義性は後半の文がVP削除を含むことと無関係である，とは言えない．なぜならば，(14a, b)や(15a, b)は多義的ではあるが，これらに対応するVP削除を含まな

い文に比べて，解釈の可能性が制限されるからである．このことを，(15b) を例にとって示してみよう．(15b) の VP 削除の部分を復元したのが (16) である．

(16) A boy admires every teacher. A girl admires every teacher, too.

ここで，前半の文と後半の文はいずれも，単独で用いられた場合には，∃>∀ の解釈と ∀>∃ の解釈の両方を許す．したがって，VP 削除の部分が復元される前の (15b) においても，論理的には以下の 4 通りの解釈が可能なはずである．

(17) a. 前半：∃>∀；　後半：∃>∀
 b. 前半：∃>∀；　後半：∀>∃
 c. 前半：∀>∃；　後半：∃>∀
 d. 前半：∀>∃；　後半：∀>∃

しかし，この 4 通りの解釈のうち (15b) に存在するのは，(17a) と (17d) の 2 つの解釈のみである．

この事実を説明する方法として，Fox は「平行性（Parallelism）の条件」を提案している (Fox 2000, 32; cf. Lasnik 1972)．

(18) 平行性の条件：省略構文においては，前半の文における要素間の作用域関係は，後半の文における要素間の作用域関係と同じでなければならない．

(18) により，作用域の関係が平行的となっていない (17b, c) の解釈が許されないことが説明される．

ここで，(13) の一義性の問題に立ち返ることにしよう（例文再録）．

(13) A boy admires every teacher. Mary does [e], too.
 (∃>∀ / *∀>∃)

(13) の問題は，前半の文が S 構造に対応する作用域関係（∃>∀）しか持たないのはなぜか，ということであった．言い換えると，every teacher が

a boy を越えて IP 付加位置に QR の適用を受けることができないのはなぜか，ということである．この事実を説明するために，Fox は，作用域に関する経済性の原理 (19) を提案している (Fox 2000, 21).

(19) 作用域に関する経済性の原理：作用域を変える操作の適用が許されるのは，それが意味解釈に影響を与える場合のみである．

(19) がどのように働くかを，(13) の後半の文の VP 削除の部分を，LF での転写によって復元した結果得られる文 (20) によって示そう．

(20) A boy admires every teacher. Mary admires every teacher, too.

(20) の後半の文において，every teacher を IP に付加すると (21a) が得られる．一方，every teacher を VP に付加すると (21b) が得られる．

(21) a. [IP every teacher [IP Mary loves t]]
b. [IP Mary [VP every teacher [VP loves t]]]

(21a, b) の間に意味の差はない．いずれの場合も，「すべての先生に関して，Mary はその先生を賞賛している」という解釈が得られる．このような場合，(21a) のように，every teacher の作用域を変えるために，これを QR によって IP 付加位置に移動させることはできないと定めたのが，原理 (19) である ((21b) の VP 付加位置への移動も QR であるが，これは，every teacher の作用域を変えるための操作ではなく，演算子である every teacher が束縛する変項を作り出すために必要な操作であるので，(19) には違反しない)．

さて，(13) の後半の文に対して，every teacher を IP に付加する操作が許されないとすると，平行性の条件 (18) により，(13) の前半の文でも，every teacher を IP に付加することはできない．したがって，(13) で every teacher が IP 指定部の a boy より広い作用域を持つことはできないことが説明される．

複数の数量詞を含む単文に，VP 削除を含む文が後続する場合，(13) のように，前半の文に S 構造の階層関係を反映した解釈のみが可能となる

場合があるという事実は，VP 削除に課せられる平行性の条件 (18) と，QR に課せられる経済性の原理 (19) の，相互作用によって説明されることを見た．

7.1.2 複文の場合

普遍数量詞と存在数量詞が同一単文中に生起した場合，解釈が多義的になるのが一般的である．これに対して，普遍数量詞と存在数量詞が節境界を隔てて存在する場合，多義的解釈が得られず，S 構造での階層関係を反映した解釈しか得られないのが一般的である．これを「QR に課せられる節境界性の制約」と言う．

(22) a. At least one person expects [every Republican will win re-election].
b. Somebody believes [that everyone is kind].
(Johnson 1999, 192)
c. I told someone [you would visit everyone]. (*ibid.*, 188)
d. Someone hated [PRO to kiss everyone].
(Hornstein 1995, 169)
e. Someone believes [John to be attending every class].
(*ibid.*, 156)

(22a–e) において，補文の主語位置や目的語位置の普遍数量詞は，主節の主語位置や目的語位置の存在数量詞よりも，広い作用域を持つことができない．この現象は次のようにまとめられる．

(23) 節境界性の制約：補文内の普遍数量詞は，それより上位の節内の存在数量詞よりも広い作用域を持つことができない．

ただし，この制約には一定の例外がある．第一に，ECM 構文の補文の主語位置の普遍数量詞は，主節の主語位置の存在数量詞よりも広い作用域を持つことができる．したがって，次の文は多義的である．

(24) a. At least one person considers [every Republican to be smart].

b.　Somebody believes [everyone to be kind].

(Johnson 1999, 192)

　第二に，いわゆる「再構造化動詞」の補文内にある普遍数量詞は，主節の主語位置の存在数量詞よりも広い作用域を持つことができる．

(25)　a.　Someone wants [PRO to marry everyone]．（∃＞∀, ∀＞∃）
　　　b.　Someone wants [everyone to attend a party]．（∃＞∀, ∀＞∃）

(24)と(25)は，補文が非定形節であるという点で共通している．

　しかし，非定形節の中にあるすべての普遍数量詞が，節境界性の制約(23)に反して主節で作用域を持てるわけではない．まず，小節 (small clause) の主語位置の普遍数量詞は，(23)に従うことが知られている．つまり，(26)には∃＞∀の解釈は存在するが，∀＞∃の解釈は存在しない (Stowell 1991)．第二に，(27a)のように，再構造化動詞の補文が明示的な主語を持つ場合，補文の目的語位置にある普遍数量詞は，主節の存在数量詞よりも広い作用域を持つことができない．(27b)のように，普遍数量詞が補文の主語位置にあっても，それが目的語位置から移動されてきたものである場合，主節の存在数量詞よりも広い作用域を持つことができない (cf. Kayne 2000, 278 note 115)．

(26)　At least one person considers [every Republican smart]．
　　　（∃＞∀ / *∀＞∃）
(27)　a.　Someone wants himself to marry everyone.（∃＞∀ / *∀＞∃）
　　　b.　Someone wants [everyone to be arrested by the police]．
　　　　　（∃＞∀ / *∀＞∃）

　QRの節境界性に関する以上の事例は，QRがどういう種類の移動操作であるかを考えるうえで重要である．節の再構造化が適用されたときにのみ許される数量詞の長距離移動は，A移動の特徴ともA′移動の特徴とも合致しない．A移動であれば，コントロール動詞の補文の主語がPROであれ明示的な主語であれ，それを越えて要素を移動することはできないはずであるが，(25)と(27)の対比が示すように，QRは，PROのみを越え

て適用することができる．また，A′ 移動であれば，CP 指定部を経由して，連続循環的に時制節の外へ移動できるはずであるが，(22a–c) に示すように，QR は時制節の境界を越えられない．

このように，QR は A 移動とも A′ 移動とも異質の移動操作であるが，A 移動にも A′ 移動にも還元できないもう一つの移動操作に，「かき混ぜ」(scrambling) がある．「かき混ぜ」は，A 移動と A′ 移動の両方の性質を部分的に示す，顕在的な移動操作であるが，A 移動でも A′ 移動でもない，第三の移動操作であると分析されている (Webelhuth 1989; Saito 1992)．

このような背景をふまえて，Johnson (1999) は，数量詞の作用域は，A 移動でも A′ 移動でもなく，「かき混ぜ」操作によって決定される，と主張している．Johnson の主張は，英語の QR は，オランダ語のかき混ぜと同じ特徴を示すので，数量詞の作用域は LF 部門でのかき混ぜによって決定されると考えるべきであり，QR という数量詞のみに言及した移動操作を仮定すべきではない，ということである (QR の必要性を否定するという点では，Johnson の主張は Hornstein の主張と同じ主旨である)．この主張の妥当性を現段階で評価するのは時期尚早であるので，以下では，英語の QR とオランダ語のかき混ぜが共有する性質について，2 点見ておこう．

第一に，オランダ語のかき混ぜ操作は，一般に節境界性の制約に従うにもかかわらず，再構造化動詞の不定詞補文内からの移動が可能である (Johnson 1999, 200)．

(28) a. *... dat Jan boken$_1$ heeft besloten [dat er t_1 gelezen heeft].
　　　　... that Jan books has decided that he read has
　　　　'... that Jan has decided that he has read books.'
　　b ... dat Jan [naast Jamie]$_1$ heeft geprobeerd [zijn soep t_1 to
　　　　... that Jan near Jamie has tried his soup to
　　　　eten].
　　　　eat
　　　　'... that Jan has tried to eat his soup near Jamie.'

これは，(29) において near every visitor が，再構造化動詞の補文の外で作用域を持つことができるという事実と平行的である．

(29) A different student tried [PRO to stand near every visitor].
　　　(∃ > ∀, ∀ > ∃)　　　　　　　　　　(Johnson 1999, 197)

ちなみに，(28b) の naast Jamie の移動も，(29) の near every visitor の移動も，付加詞句の移動であるので，A 移動ではありえない．

　第二に，英語では，主語名詞句の内部に埋め込まれた普遍数量詞が，目的語位置の存在数量詞より広い作用域を持てる (Reinhart 1991, 377)．

(30) Jokes about everyone amuse someone.　(∃ > ∀ / ∀ > ∃)

この多義性は，主語名詞句内の普遍数量詞が，LF 部門で，存在数量詞を構成素統御する位置に移動できることを示している．英語では，主語内部の要素に対して A′ 移動を適用できないが ((31))，オランダ語では，主語内部からのかき混ぜが可能である ((32b))．

(31) *Who$_1$ do [jokes about t_1] amuse you?
(32) a. ... weil 　　[ein neues Buch über Ellipse] erschienen ist.
　　　　　... because a 　new 　book about ellipsis published is
　　　　　'because a new book about ellipsis is published, ... '
　　　b. ... weil [über Ellipse]$_i$ [ein neues Buch t_i] erschienen ist.

(32b) は，(32a) の主語内部から前置詞句 (über Ellipse) が抜き出された文である．このように，(30) に適用される QR と (32) のかき混ぜ操作は，いずれも主語からの抜き出しが可能であるという点で似ている．

　Johnson (1999) は，英語の QR とオランダ語のかき混ぜの間に見られる共通の性質をもとに，QR 操作を破棄し，かき混ぜ操作に一本化する可能性を示唆した．しかし，(1) かき混ぜに節境界性の制約が働くのはなぜか，(2) 節境界性の制約に一定の例外があるのはなぜか，という 2 つの問題はまだ解かれておらず，今後の課題として残されている．

7.2 数量詞と束縛代名詞

本節では，数量詞を含む NP によって束縛される束縛代名詞が容認されるための，構造上の認可条件について述べる．また，この認可条件に一見従っていないように見える「ロバ文」(donkey sentence)，「英国人文」(Englishman sentence)，「バック・ピーターズ文」(Bach-Peters sentence) についても検討する．

7.2.1 束縛代名詞と認可条件

束縛代名詞とは，数量詞によって A′ 束縛 (A′-binding) を受け，束縛変項として解釈される代名詞のことである．たとえば，(33) において his は，every man の値に従ってその値が変わり，(for every x, x a man) [x kissed x's dog] と解釈される．この his が束縛代名詞の例である．

(33) Every man$_i$ kissed his$_i$ dog.

束縛代名詞の分布には，一定の制限が課される．まずはじめに，弱交差 (weak crossover) 現象を見よう．

(34) *Her$_i$ mother loves every girl$_i$.

ここで，her が every girl によって束縛される解釈を持つことはできない．
(33) と (34) の対比は，束縛代名詞の認可条件 (35) によって説明される．

(35) 束縛代名詞は，演算子の痕跡(変項)によって構成素統御されなければならない．

(33) の every man，(34) の every girl に，それぞれ QR が適用された結果を示したのが (36a, b) である．

(36) a. [$_{IP}$ every man$_i$ [$_{IP}$ t_i kissed his$_i$ dog]]   (= (33))
　　　b. [$_{IP}$ every girl$_i$ [$_{IP}$ her$_i$ mother loves t_i]]   (= (34))

(36a) では，痕跡 t は代名詞 his を構成素統御するので，(33) は (35) を満たしている．一方，(36b) では，痕跡 t は代名詞 her を構成素統御しないので，(34) は (35) の違反として排除される ($\Rightarrow$ 6.3.1).

束縛代名詞は，(35) に述べたように，演算子それ自身ではなく，その痕跡によって構成素統御されなければならない．このような痕跡への言及が重要であることは，(37a, b) の対比によって示すことができる．

 (37) a. *His$_i$ mother gave his$_i$ picture to every student$_i$.
    b. His$_i$ mother gave every student$_i$ his$_i$ picture.
               (Hornstein 1995, 103)

(37a, b) の every student が QR を受けた後の LF 構造は，(38a, b) である．

 (38) a. [$_{IP}$ every student$_i$ [$_{IP}$ his$_i$ mother gave his$_i$ picture to t_i]]
    b. [$_{IP}$ every student$_i$ [$_{IP}$ his$_i$ mother gave t_i his$_i$ picture]]

まず，(38a) では，いずれの his も，every student の痕跡によって構成素統御されておらず，認可条件 (35) を満たしていないので，(37a) は非文となる．一方，(38b) では，his picture の his が every student の痕跡によって構成素統御されているので，認可条件 (35) を満たす．his mother の his は，every student の痕跡によって構成素統御されていないので，(35) を満たしていない．しかし，his picture の his が束縛代名詞として認可されるので，his mother の his は，every student の痕跡でなく，his picture の his にリンクする束縛代名詞として認可され，(35) による認可を必要としない．したがって，(37b) は適格文となる．(37a, b) の対比は，このように説明される．

これに対して，束縛代名詞の認可条件が，痕跡に言及しない (39) であると仮定しよう．

 (39) 束縛代名詞は，演算子によって構成素統御されなければならない．

(38a) でも (38b) でも,his は every student によって構成素統御されているので,(39) では,(37a, b) の間の容認性の差異を説明できない.したがって,これらの事実を説明するためには,束縛代名詞の認可条件は (39) ではなく,(35) でなければならない.

しかし,認可条件 (39) によってのみ説明できる事例もある.まず,(40a) の容認性を見よう.

(40) a. [The expert who was invited to talk about it$_1$] knows the capital of every country$_1$. (Fox 2000, 37)
b. [$_{IP}$ every country$_1$ [$_{IP}$ [the expert who was invited to talk about it$_1$] knows the capital of t_i]]

この文は,数量詞と束縛代名詞の間の構造関係だけを見れば,弱交差の効果を示す (34) と同じであるが,束縛代名詞が名詞句の中に深く埋め込まれると,容認性が高まることを示している.(40a) の容認性は,束縛代名詞の認可条件が (35) ではなく,(39) であることを示唆する.なぜならば,(40a) の LF 構造 (40b) において,every country は代名詞 it を構成素統御するので,認可条件 (39) を満たすが,every country の痕跡は it を構成素統御せず,認可条件 (35) は満たさないからである.

(41a) の容認性も,認可条件 (39) によってのみ説明できる事例である.

(41) a. A student [[likes every professor$_1$] and [wants him$_1$ to be on his committee]]. (Fox 2000, 52)
b. [$_{IP}$ every professor$_1$ [$_{IP}$ a student [$_{VP}$ [$_{VP}$ likes t_1] and [$_{VP}$ wants him$_1$ to be on his committee]]]]

(41a) では,2 つの VP が等位接続され,一方の等位項の中に普遍数量詞 every professor があり,もう一方の等位項の中に,every professor に束縛されうる代名詞がある.(41a) の LF 構造 (41b) において,every professor は代名詞 him を構成素統御するので,認可条件 (39) を満たすが,every professor の痕跡は him を構成素統御しないので,認可条件 (35) は満たさない.

158　第II部　作　用　域

　本節では，束縛代名詞が，その先行詞となる演算子の痕跡によって構成素統御されなければならないことを示唆する事例と，その先行詞となる演算子によって構成素統御されていればよいことを示唆する事例の，両方があることを示した．

7.2.2　束縛代名詞の認可条件の適用レベル

　本節では，束縛代名詞の認可条件 (39) が派生のどの時点で適用されるかについて，(42a, b) の対比をもとに検討する．

(42)　a.　Someone$_i$ seemed to Bill [t_i to be reviewing every report].
　　　b.　Someone$_i$ seemed to his$_i$ boss [t_i to be reviewing every report].

(42a, b) は繰り上げ構文であり，束縛代名詞を含まない (42a) では，every report が someone よりも広い作用域を取りうる．しかし，someone によって束縛される代名詞 his が主節に存在する (42b) では，every report が someone よりも広い作用域を持つことができない．

　数量詞の作用域は，LF 構造に基づいて決定される．いま，(42a, b) の someone には，QR によって主節の IP に付加され，その位置で作用域を持つ可能性と，LF で元位置へ再構築され，その位置から QR によって補文の IP に付加され，その位置で作用域を持つ可能性があると仮定しよう．また，every report は，LF で QR によって補文の IP に付加されると仮定しよう(節境界性の制約により，every report を QR によって主節の IP に付加することはできない)．以上の仮定のもとでは，(42a) に関して，someone が every report よりも広い作用域を持つときの LF 構造は (43a) となり，every report が someone よりも広い作用域を持つときの LF 構造は (43b) となる．

(43)　a.　[$_{IP}$ someone$_i$ [$_{IP}$ t'_i seemed to Bill [$_{IP}$ every report$_j$ [$_{IP}$ t_i to be reviewing t_j]]]]
　　　b.　[$_{IP}$ seemed to Bill [$_{IP}$ every report$_j$ [$_{IP}$ someone$_i$ [$_{IP}$ t_i to be reviewing t_j]]]]

第 7 章 演算子の作用域　159

同様に，(42b) に関して，someone が every report より広い作用域を持つときと，every report が someone より広い作用域を持つときの LF 構造は，それぞれ (44a, b) となる．

(44)　a.　[$_{\text{IP}}$ someone$_i$ [$_{\text{IP}}$ t'_i seemed to his$_i$ boss [$_{\text{IP}}$ every report$_j$ [$_{\text{IP}}$ t_i to be reviewing t_j]]]]
　　　b.　*[$_{\text{IP}}$ seemed to his$_i$ boss [$_{\text{IP}}$ every report$_j$ [$_{\text{IP}}$ someone$_i$ [$_{\text{IP}}$ t_i to be reviewing t_j]]]]

束縛代名詞の認可条件 (39) が，この LF 構造に対して適用されるとすると，(44a) では，束縛代名詞 his がその先行詞である someone によって構成素統御されているので，条件 (39) を満たしているが，(44b) では，someone が his よりも低い位置にあるので束縛代名詞 his を構成素統御せず，条件 (39) に違反している．したがって，(42b) は，someone が every report より広い作用域を持つときのみ容認可能となることが説明される．

これに対して，束縛代名詞の認可条件 (39) が S 構造に適用され，数量詞の作用域が LF 構造で決定されるとすると，(42a, b) の対比は説明できない．なぜならば，(42b) の his は S 構造で someone によって構成素統御されているので，認可条件 (39) を満たす．一方，作用域に関しては，LF で someone が IP 指定部から QR によって主節の IP に付加されて，(44a) の LF 構造が派生されると，someone > every report の作用域関係が得られ，また，someone が補文内の元位置に再構築されて，(44b) の LF 構造が派生されれば，every report > someone の作用域関係が得られる．したがって，(42a) のみならず (42b) でも，someone と every report の作用域関係は多義的になるという，誤った予測をするからである．

したがって，(42b) で every report が someone よりも広い作用域を持つことができないという事実は，束縛代名詞の認可条件 (39) が，数量詞の作用域が決定されるのと同じ LF 構造のレベルで適用されることを示している．(認可条件 (35) が LF で適用されることは，定義上含意されている．数量詞の痕跡は，数量詞が LF で QR の適用を受けるまでは存在

しないので，束縛代名詞が S 構造で数量詞の痕跡によって束縛されることはないからである．)

7.2.3 ロバ文と英国人文

認可条件 (35) / (39) が LF で適用することを見たが，この条件が LF で満たされていないにもかかわらず，適格となる事例が存在する．その 1 つが，「ロバ文」と呼ばれる (45) のような文である．

(45) Every man who owns a donkey$_1$ beats it$_1$.　　(Geach 1962)

(45) は，ロバ (D) の選択が人間 (M) の選択に依存している解釈，つまり，D1 の所有者 M1 が D1 を打ち，D2 の所有者 M2 が D2 を打つ，という解釈(ペアリスト読み)のもとで容認される．しかし，ここでは，代名詞 it の先行詞である a donkey が S 構造においては it を構成素統御していないので，LF においても，a donkey の痕跡は it を構成素統御しない．また，a donkey が it を構成素統御するためには，複合名詞句の外に移動しなければならないが，このような移動は下接の条件(複合名詞句制約)に違反するので，許されないはずである．したがって，a donkey もその痕跡も，LF で代名詞 it を構成素統御せず，it は認可条件 (35) も (39) も満たさない．それにもかかわらず，(45) は容認される．

Haïk (1984) は「間接束縛」(indirect binding) という概念を用いてこの問題の解決を試みている．Haïk によれば，(45) において a donkey は，普遍数量詞である every man に解釈上依存しており，その every man が a donkey と代名詞 it の両方を構成素統御していることから，a donkey は，いわば every man を仲介役として，it を間接的に束縛する．さらに，関係節の主要部と関係節を含む名詞句全体が同一指標を持つと仮定し，QR は名詞句全体に適用されると仮定すると，(45) の LF 構造は (46) となる．

(46) [$_{IP}$ [[every man]$_i$ who$_i$ owns a donkey$_j$]$_i$ [$_{IP}$ t_i beats it$_j$]]

ここで，束縛代名詞 it は間接束縛子の every man のみならず，every man

を主要部とする名詞句の痕跡によっても構成素統御されているので，認可条件 (35) を満たしている（なお，Haïk (1984) と同様の分析が，中村 (1983a, 1996) でも提案されている）．

ロバ文においては，関係節内の（目的語位置にある）数量詞が，関係節の主要部である数量詞に依存する解釈が要求されるが，これとは逆に，関係節の主要部である数量詞が，関係節内の（主語位置にある）数量詞に依存する解釈が要求される事例があり，「英国人文」と呼ばれる．

(47)　One woman that every Englishman$_1$ likes is his$_1$ mother.
　　　　　　　　　　　　　　　　　　　　　　　　　　　　(Geach 1962)

たとえば，(47) は「イギリス人男性の1人1人に関して，それぞれ，その人の好きな女性がいて，その女性は彼の母親である」という解釈（ペアリスト読み）を持つ．

(47) の英国人文は，(a) 束縛代名詞がその先行詞によって構成素統御されていない，(b) その先行詞と解釈上の依存関係がある別の数量詞が，束縛代名詞を構成素統御している，(c) ペアリスト読みが要求される，という3点において，ロバ文と共通の特徴を持つ．ただし，「ロバ文」と「英国人文」では，関係節の主要部である数量詞と，束縛代名詞の先行詞となる関係節内の数量詞の間の解釈上の依存関係が，逆になっている．ロバ文では，関係節内の数量詞が，関係節の主要部である数量詞に依存しているのに対して，英国人文では，関係節の主要部である数量詞が，関係節内の数量詞に依存している．この構造上の関係を逆にすると，非文となる．

(48)　a.　*A man who owns every donkey$_i$ beats it$_i$.
　　　　　　　　　　　　　　　　　　　　　　　　　　（中村 1996, 108）
　　　b.　*Some people who a donkey$_i$ kicked hate it$_i$.　(*ibid*., 112)

これらの事実に基づき，Nakamura (1988)，中村 (1996) は，英国人文は，ロバ文と対称的な「逆間接束縛」(inverse indirect binding) という原理によって解釈されると主張している．この主張によれば，(47) におい

て, every Englishman に解釈上依存する one woman が, 代名詞 his の逆間接束縛子となり, his はこれに構成素統御されることにより, every Englishman に束縛される解釈を持つ. また, [one woman that every Englishman likes] という名詞句全体が QR を受けると仮定すると, (47) の LF 構造は (49) となる.

(49) [$_{IP}$ [[one woman]$_i$ that every Englishman$_j$ likes t_i]$_i$ [$_{IP}$ t_i is his$_j$ mother]]

ここで, 束縛代名詞 his は逆間接束縛子の one woman のみならず, その痕跡によっても構成素統御されているので, 認可条件 (35) を満たす.

7.2.4 バック・ピーターズ文

認可条件 (35) も (39) も満たさないように見える束縛代名詞を容認する, もう 1 つのタイプの文は, (50) のような「バック・ピーターズ文」である. ここでは, [every pilot who shot at it] という主語名詞句の中に束縛代名詞 it があり, その先行詞は [some MIG that chased him] という目的語であるが, その中に別の束縛代名詞 him があり, その先行詞が [every pilot who shot at it] である.

(50) Every pilot who shot at it hit some MIG that chased him.

(50) において, 目的語の [some MIG that chased him] に QR を適用すると, it が IP 付加位置の先行詞によって適正に束縛されるが, him がその先行詞の [every pilot who shot at it] に適正に束縛されなくなる. 一方, 目的語の数量詞に QR を適用しなければ, him は主語の普遍数量詞に適正に束縛されるが, it がその先行詞である [some MIG that chased him] に適正に束縛されない. いずれにしても, いずれか一方の束縛代名詞が認可条件 (35) にも (39) にも違反する構造が得られる.

Higginbotham and May (1981) は, この種の文に対して「wh 併合」(⇒ 6.3.3) と似た併合の操作が適用され, every N' という数量詞と some N' という数量詞からなる, 一種の複合数量詞 (binary quantifier) が形成

されると主張している．この主張によると，(50) の LF 構造は概略 (51) のようになる．

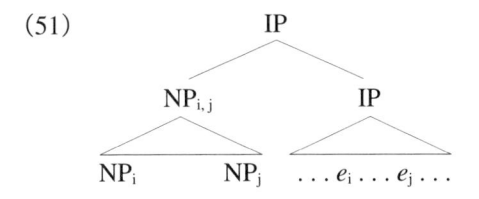

(51)
```
         IP
        /  \
    NP_{i,j}  IP
     /  \    /  \
   NP_i NP_j ...e_i...e_j...
```

(51) において，併合操作によって形成された複合数量詞の内部で，NP_i と NP_j は互いに構成素統御しあうので，それぞれの内部に含まれる束縛代名詞は，(39)(再録) を満たす．そのために (50) は容認可能であると説明される．

(39) 束縛代名詞は，演算子によって構成素統御されなければならない．

バック・ピーターズ文の容認性は，束縛代名詞の認可条件として (39) が妥当であることを示唆している．

7.3 名詞句内の数量詞の作用域

本節では，複数の数量詞が名詞句内に生じた場合，それらが単文中に生じた場合とは異なる作用域関係を示すことを指摘する．

7.3.1 名詞句内の数量詞の解釈

複数の数量詞が同一単文中に生じた場合，S 構造で他方を構成素統御する数量詞が広い作用域を持つ解釈は必ず存在する，というのが重要な一般化である．これに対して，名詞句内に複数の数量詞が生じた場合，この一般化が成り立たない事例がある．

まず，複数の数量詞が同一の名詞句内に生じている例 (52a, b) を見てみよう．ここでは，S 構造で普遍数量詞が存在数量詞を構成素統御しているにもかかわらず，$\forall > \exists$ の解釈は許されず，$\exists > \forall$ の解釈のみが許さ

れる．

(52) a. Everybody in some Italian city met John.
b. Every exit from a freeway is badly constructed.

(中村 1983b, 324)

このような現象を「逆行連結」(inverse linking) と呼ぶ．May (1977) はこの事実に対して，移動の痕跡に課される「適正束縛条件」(Proper Binding Condition) に基づく，次のような説明を与えている．(52a) を例にとると，QR の適用の結果，次の 2 つの LF 構造が得られる．

(53) a. [$_{IP}$ [some Italian city]$_1$ [$_{IP}$ [everybody in t_1]$_2$ [$_{IP}$ t_2 met John]]]
b. [$_{IP}$ [everybody in t_1]$_2$ [$_{IP}$ [some Italian city]$_1$ [$_{IP}$ t_2 met John]]]

(53a) は，まず [everybody in some Italian city] という名詞句全体が IP 付加位置へ QR を受け，その後で，この名詞句の中から，[some Italian city] の部分が再度 QR を受けた結果派生される．一方 (53b) では，まず，[everybody in some Italian city] という主語名詞句の中から [some Italian city] の部分だけが QR を受け，その後で，痕跡を含む名詞句 [everybody in t_1] が [some Italian city] を越えて IP に付加されている．May によれば，(53a) の LF 表示には問題はないが，(53b) では [everybody in t_1] という名詞句の中の痕跡が，その先行詞である [some Italian city] によって構成素統御されていないので，(54) の適正束縛条件 (Fiengo 1977) に違反しているという．

(54) 適正束縛条件：痕跡は，その先行詞によって構成素統御されなければならない．

したがって，(53a) の LF 構造のみが容認可能となり，∃＞∀ の解釈のみが許される．

しかし，May (1977) のこのような説明は，逆行連結の可能性が，2 つ

の数量詞を結んでいる前置詞によって影響されるという事実を説明できないという点で，問題である．May が，逆行連結の解釈しか持たない例としてあげているのは，当該の前置詞に，所有の of, 場所や方向を表す in や to, 目的を表す for が用いられている例である．これに対して，(55) を見てみよう．

    (55) a. Every senator on a key congressional committee voted for the amendment.   (May 1977, 101)
           b. I saw a picture of all the children.
           c. She knows a solution to all problems.（中村 1983b, 325）

ここでは，関係を表す on や，名詞とその内項を結ぶ of や to が用いられているが，Ioup (1975) によれば，この場合，∀>∃ の解釈と ∃>∀ の解釈の両方が可能であるばかりか，(55b, c) では，表層の語順を反映した ∃>∀ の解釈のほうが優位である．

　名詞句内の数量詞と名詞主要部を結んでいる前置詞の種類によって影響されるのは，逆行連結の可能性のみではない．名詞句内の数量詞と名詞句外部の数量詞の間の作用域関係も，前置詞の種類によって影響される（中村 1983b, 326）．

    (56) a. Fathers of many children read few books.　（many > few）
           b. Fathers with many children read few books.　（few > many）
                                                       (Lakoff 1970, 405)

(56a, b) の間の違いは，fathers と many children を結ぶ前置詞が，of であるか with であるかである．(56a) は many > few の解釈，つまり，There are many children whose father read few books. と書き換えられる解釈を持つのに対して，(56b) は few > many の解釈，つまり，The books that fathers with many children read are few in number. と書き換えられる解釈を持つ．言い換えれば，前置詞が of のときは，その補部の数量詞は名詞句の外側で作用域を持つことができるのに対して，前置詞が with のとき

は，数量詞は名詞句の外側で作用域を持つことができない．
　別の例を見よう．

(57) a. Fathers of many children read few books. （many > few）
     b. Pictures of many ink spots attract few people. （few > many）
                                             （中村 1983b, 327）

(57a, b) の違いは，当該の名詞句の主要部が fathers であるか pictures であるかであるが，(57b) は (57a) と違って，few > many の解釈を持つ．(57a) で，子どもの数が多いとその父親の数も多いので，事実上，many fathers の解釈が得られる．これに対して，(57b) では，多くのインクの染みを写した写真を意味するので，写真の数が多い必要はない．これらの例から，名詞主要部と前置詞句内の名詞句の意味関係が，作用域関係と深くかかわっていることがわかる．

　このような事実を考えあわせると，名詞句内の数量詞の一部に対して与えられる「逆行連結」の事実を説明するためには，名詞句と前置詞句との間の構造関係や意味関係，名詞の意味的性質を考慮しなければならないことがわかる．

7.3.2　逆行連結と束縛代名詞の認可

　ここまで，名詞句内に普遍数量詞と存在数量詞が共起した場合，逆行連結の解釈が要請される場合が多いという事実を指摘した．本節では，逆行連結の解釈を受ける場合，名詞句内の前置詞の補部にある数量詞は (QR によって) 少なくとも名詞句の外に移動していることを示す．

　まず，逆行連結の解釈を受ける数量詞は，S構造で名詞句内にあるにもかかわらず，名詞句の外側にある束縛代名詞を認可できるという事実がある．このことを例示したのが (58) である．

(58) a. Somebody from every city despises it. （May 1985, 68）
     b. A resident of almost every California city curses its traffic.
                                             （Johnson 1999, 200）

ここで代名詞 it, its はそれぞれ，every city, almost every California city に束縛された解釈を持つことができる．

この性質は一見すると，次の2つの点で，(59) のロバ文や (60) の英国人文と似ている．第一に，(58a, b) の逆行連結構文でも (60) の英国人文でも，S 構造では存在数量詞が普遍数量詞を構成素統御しているにもかかわらず，普遍数量詞が存在数量詞より広い作用域の解釈しか存在しない．第二に，(58a, b) でも (59)，(60) でも，束縛代名詞の先行詞となる数量詞は名詞句に埋め込まれており，S 構造では数量詞が束縛代名詞を構成素統御しない．

(59) Every man who owns a donkey$_1$ beats it$_1$.　(= (45); $\forall > \exists$)
(60) One woman that every Englishman$_1$ likes is his$_1$ mother.
　　 (= (47); $\forall > \exists$)

しかし，逆行連結構文は，S 構造で普遍数量詞が存在数量詞を構成素統御していても，存在数量詞が普遍数量詞より広い作用域を持つ解釈しか許されない事例 (52a, b) がある点で，ロバ文とは異なる．また，S 構造で存在数量詞が普遍数量詞を構成素統御している場合，存在数量詞が普遍数量詞より広い作用域を持つ解釈が許される事例 (55b, c) がある点で，英国人文とも異なる．

(61) a.　Everybody in some Italian city met John.　(= (52a); $\exists > \forall$)
　　 b.　I saw a picture of all the children.　(= (55b); $\forall > \exists, \exists > \forall$)

このことから，(58) のような逆行連結構文に対しては，ロバ文や英国人文に対して与えられた間接束縛に基づく説明とは，別の説明が必要なように思われる．May (1985) は，(61a) において，前置詞の補部の数量詞は，それを支配する主語名詞句 ((62) では QP$_1$) に LF で付加するという分析を提案している．

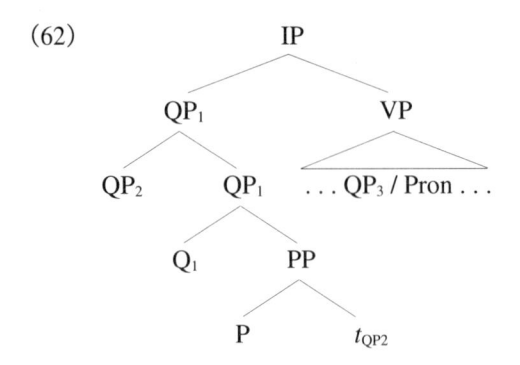

(62)
```
              IP
            /    \
          QP₁     VP
         /   \    / \
       QP₂   QP₁  ... QP₃ / Pron ...
             / \
            Q₁  PP
                / \
               P   t_QP2
```

　May (1985) の定義によれば，この構造で QP_2 は QP_1 や QP_3 / Pron を構成素統御する．その結果，(58a) の束縛代名詞 it は認可条件 (39) を満たし，every city が it を束縛する解釈が得られる．また，May の定義では，(62) で QP_2 は QP_1 を構成素統御するが，QP_1 は QP_2 もその痕跡も構成素統御しないことから，(61a) において，∃>∀ の逆行連結の解釈しか許されないという事実が，作用域の原理 (1) によって説明される．

　以上が，逆行連結の現象に対する May (1985) の説明であるが，この説明にもなおいくつかの問題が残っている．まず，(61a, b) のいずれにおいても，QP_1 は QP_2 もその痕跡も構成素統御しないにもかかわらず，(61b) で $QP_1 > QP_2$ の解釈が許されるという事実は，作用域の原理 (1) の予測と反する．

　第二に，前置詞の選択によって作用域関係が影響を受けるという (55a–c)，(56a, b)，(57a, b) の事実は，説明されずに残っている．

　第三に，たとえ (62) において，QP_2 が QP_1 に付加することによって束縛代名詞 it を構成素統御するとしても，QP_2 の痕跡が代名詞 it を構成素統御しないので，束縛代名詞の認可条件 (35) を満たしていない．したがって，May (1985) の理論は，束縛代名詞の認可条件としては (35) でなく，(39) を採用しなければならない．このとき，(33) と (34) の対比 (いわゆる交差現象) は説明できなくなるという問題がある．ただし (35) には，逆行連結の現象以外にも，(40a)，(41a)，(50) のような例外があるので，今後の研究によって (39) が束縛代名詞の認可条件として妥当で

あるということが示されれば，この問題は自然消滅することになる（関連する議論は，Aoun and Hornstein (1991), Hornstein (1995, ch. 6) を参照）．

7.4 疑問詞と数量詞の作用域関係

本節では，wh 句の作用域と，wh 句と普遍数量詞の作用域の相互関係について検討する．

7.4.1 移動された wh 句と *wh*-in-situ の作用域

顕在部門で移動した wh 句の作用域は，移動先の CP 指定部で決定される．

(63) a. What did John buy?
 b. What do you know (that) John bought?
 c. Do you know what John bought?

(64) a. [$_{CP}$ what$_1$ [$_{C'}$ C (did) [$_{IP}$ John buy t_1]]]
 b. [$_{CP}$ what$_1$ [$_{C'}$ C (do) [$_{IP}$ you know [$_{CP}$ (t') [$_{C'}$ C ($-$ wh) [$_{IP}$ John bought t_1]]]]]]
 c. [$_{CP}$ C (do) [$_{IP}$ you know [$_{CP}$ what$_1$ [$_{C'}$ C ($+$ wh) [$_{IP}$ John bought t_1]]]]]

(64a)のように，wh 句が主節の CP 指定部へ移動している場合，この位置から主節の IP を構成素統御するので，その作用域が IP であると決定される．したがって，(63a) の疑問文に対しては，(64a) の痕跡 t の位置に答えを埋め込んだ，John bought apples. のような答え方が要求される．(64b)でも，wh 句は（補文内の CP 指定部を経由して）主節の CP 指定部へ移動しているので，主節の IP がその作用域となる．したがって，(63b) の疑問文に対しては，(64b) の痕跡 t の位置に答えを埋め込んだ，I know that John bought apples. のような答え方が要求される．これに対して，(64c) のように，wh 句が顕在部門で補文の CP 指定部へ移動している場合，この位置で wh 句の作用域が補文の IP であると決定される．このと

き，文全体は what の値を問う wh 疑問文ではないので，痕跡 t の位置に定項を埋め込むことはできず，(63c) は，聞き手に補文が表す内容を知っているかどうかを尋ねる yes / no 疑問文である．したがって，(63c) の疑問文に対する答え方は，Yes, I know what John bought. または No, I don't know what John bought. のいずれかである．もし，顕在部門で補文の CP 指定部へ移動している wh 句が，LF で主節の CP 指定部へ移動し，主節の IP を作用域とすることができるならば，(63c) に対しても，(64c) の痕跡 t の位置に答えを埋め込む答え方が可能なはずであるが，このような答え方はできない．この事実は，顕在部門で移動した wh 句の作用域は，その S 構造の位置で決定されることを示している．

次に，*wh*-in-situ の作用域について考えてみよう．

(65)　Who wonders where we bought what?　　　(Baker 1970)

この文では，who と where は顕在部門で移動された wh 句であり，what が *wh*-in-situ である．*wh*-in-situ は，顕在部門で移動された wh 句と同じ位置で作用域を持つという一般化がある．実際，(65) の what にも，who が占める主節の CP 指定部で作用域を持つ可能性と，where が占める補文の CP 指定部で作用域を持つ可能性がある．what が主節の CP 指定部で作用域を持てば，痕跡 t の位置に定項を埋め込むことができるが，補文の CP 指定部で作用域を持てば，痕跡 t の位置に定項を埋め込むことができない．したがって，(65) の疑問文には，who と what の両方に答える答え方 (66a) と，who のみに答える答え方 (66b) の 2 通りが可能である．

(66)　a.　John wonders where we bought apples, Bill wonders where we bought oranges, and Tom wonders where we bought bananas.
　　　b.　John wonders where we bought what.

(66a) の答え方は，what が who とともに主節の IP を作用域にとる場合の答え方なので，who と what が定項で置き換えられている．一方，(66b)

の答え方は，what が where とともに補文の IP を作用域にとる場合の答え方なので，who のみが定項で置き換えられている．

7.4.2 関数的読みと個体読み

単文の wh 疑問文の中にも，何通りかの答え方が可能なものがある．たとえば，(67) の疑問文には，(67a–c) の 3 通りの答え方が可能である．

 (67) What did every student buy?
   a. A guitar.
   b. His or her favorite musical instrument.
   c. John bought a guitar, Bill a piano, and Nancy a violin.

これらの異なった答え方は，当該の wh 疑問文の異なった解釈の仕方に対応している．以下では，(67a) のように答える解釈を「個体読み」(individual reading)，(67b) のように答える解釈を「関数的読み」(functional reading)，(67c) のように答える解釈を「ペアリスト読み」(pair-list reading) と呼んで区別することにする．

(67) は wh 句と普遍数量詞を含む文であるが，単文の多重疑問文においても，(67) と同様の多義性が観察される．単文の多重疑問文の場合，その中に含まれるすべての wh 句に答えが与えられなければならないが，その答えの与え方に多義性が存在する．たとえば，(68) には，(68a–c) の 3 通りの答え方が可能である (西垣内 1999, 104; cf. Comorovsky 1996)．

 (68) Who bought what?
   a. John bought a guitar.
   b. Everybody bought his or her favorite musical instrument.
   c. John bought a guitar, Bill a piano, and Nancy a violin.

(68a) は個体読み，(68b) は関数的読み，(68c) はペアリスト読みである．

これら 3 通りの解釈のうち，「ペアリスト読み」と「関数的読み」は互いに関連がある．「関数的読み」とは，買いものをした人が誰であるかに応じて，買われたものの値が異なりうる解釈である．ここで，買いものを

した人が John, Bill, Nancy の3人であり，買われたものがギター，ピアノ，バイオリンの3つの楽器であり，3人と3つの楽器の間に，(69)に示すような対応関係があるとしよう．

(69)　x：買った人　　y：xの好きな楽器
　　　　John　　　　ギター
　　　　Bill　　　　　ピアノ
　　　　Nancy　　　バイオリン

このとき，(67)，(68)に対する関数的読みである(67b)，(68b)は，ペアリスト読みである(67c)，(68c)と等値であり，(67c)，(68c)は，(67b)，(68b)の表す内容をより具体的に述べているにすぎない．また，ペアリスト読みを持つすべての疑問文が，関数的読みを許す．しかし，関数的読みが可能なときに，いつもペアリスト読みが可能であるわけではない．たとえば，(70a)や(71a)の疑問文に対しては，(70b)や(71b)の関数的読みは可能であるが，ペアリスト読みは許されない．

(70)　a.　Who do most linguists admire?
　　　b.　Their mothers.
(71)　a.　Who does no linguist admire?
　　　b.　His mother.　　　　　　　　　(Hornstein 1995, 113)

このような考察から，wh疑問文の最も基本的な解釈は関数的読みであり，ペアリスト読みは，関数的読みの特殊ケースであると考えられる (Engdahl 1985; Chierchia 1991)．

　これに対して，個体読みは他の2つの読みとは異質である．第一に，(67)の疑問文に対する(67a)の答え方は，全員がお金を出しあって1つの楽器(ギター)を買ったという意味を表すことができ，この場合，買われた楽器の数は1つであるが，(67b, c)の答え方では，買われた楽器の数は，everyoneの集合を構成するメンバーの数と同じか，それよりも多くなければならない．第二に，(68)の多重疑問文と違って，移動されたwh句と wh-in-situ の間に節境界が介在する(72)の多重疑問文には，個体

読みは可能であるが，ペアリスト読みは許されない (Kuno and Robinson 1972; Higginbotham and May 1981).

(72) Who said Mary would bring in what? （西垣内 1999, 100）

もし，個体読みがペアリスト読み(あるいは関数的読み)の特殊ケースであるとするならば，個体読みが可能であるすべての wh 疑問文にペアリスト読みが許されるはずであるが，個体読みは許すがペアリスト読みを許さない wh 疑問文は，(72) 以外にも数多く存在する ($\Rightarrow$ 7.4.3). この事実も，個体読みが他の 2 つの読みとは異質であることを示唆している.

7.4.3 wh 句と普遍数量詞の作用域関係

前節では，wh 疑問文の中に，ペアリスト読み(関数的読み)と個体読みの少なくとも 2 通りの解釈を許す事例があることを見た．本節では，普遍数量詞を含む wh 疑問文に関して，ペアリスト読み(関数的読み)と個体読みの 2 通りが可能な場合と，個体読みしか許されない場合があることを指摘し，この差異が何に起因するかについて検討する．

まず，(73) の疑問文を考えてみよう．ここでは，主語が普遍数量詞であり，目的語の wh 句が CP 指定部へ移動している．このとき，(73a, b) の 2 通りの答え方が可能である．

(73) What$_i$ did every student buy t_i?
    a. John bought a book, Mary a pen, and Bill a tie.
    b. Every student bought a book.

(73a) がペアリスト読みであり，(73b) が個体読みである．ペアリスト読みを $\forall > $ WH の解釈，個体読みを WH $> \forall$ の解釈と呼ぶことにしよう (ただし，Chierchia (1991) を参照).

(73) と違って，(74) のように，目的語が普遍数量詞であり，主語が wh 句として CP 指定部へ移動している場合には，多義性が生じない．つまり，(74) に対して，WH $> \forall$ の解釈は可能であるが，$\forall > $ WH の解釈はない．

174　第II部　作　用　域

(74)　Who$_i$ t_i bought every book?
　　　a. *John bought this book, Mary a pen, and Bill a tie.
　　　　($*\forall >$ WH)
　　　b. John bought every book.　(WH $> \forall$)

この対比から，普遍数量詞を含む wh 疑問文については，(75) の一般化が成り立つように思われる．

(75)　普遍数量詞を含む wh 疑問文に $\forall >$ WH の解釈が存在するのは，普遍数量詞が移動された wh 句の痕跡を構成素統御している場合である．

(73) では，every student が what の痕跡を構成素統御するので多義性が生じ，(74) では，every book が who の痕跡を構成素統御しないので多義性が生じない．
　次に，(75) の妥当性について検討しよう．

(76)　a. What$_i$ did you give everyone t_i for Xmas?
　　　　(WH $> \forall$ / $\forall >$ WH)
　　　b. Who$_i$ did you give t_i everything?　(WH $> \forall$ / $*\forall >$ WH)
(77)　a. Who$_i$ do you think that everyone invited t_i?
　　　　(WH $> \forall$ / $\forall >$ WH)
　　　b. Who$_i$ do you think t_i invited everyone?
　　　　(WH $> \forall$ / $*\forall >$ WH)　　(Hornstein 1995, 110–117)
(78)　a. When$_i$ did everyone [[hit him] t_i]?　(WH $> \forall$ / $\forall >$ WH)
　　　b. Where$_i$ did everyone [[hit him] t_i]?　(WH $> \forall$ / $\forall >$ WH)
(79)　a. When$_i$ did Max [[see everyone] t_i]?　(WH $> \forall$ / $*\forall >$ WH)
　　　b. Where$_i$ did he [[hit everyone] t_i]?　(WH $> \forall$ / $*\forall >$ WH)
　　　　　　　　　　　　　　　(Aoun and Li 1993, 151, 152, 156)

これらの事実はすべて，(75) の一般化に従っている．普遍数量詞が，移動された wh 句の痕跡を構成素統御している (76a)，(77a)，(78a, b) でのみ，多義性が生じている．

(75) にとって一見問題と思われるのが，(80) の多義性である．

(80) What$_i$ did you give t_i to everyone?　(WH $> \forall$ / $\forall >$ WH)

(80) のような与格構文において，直接目的語は間接目的語を S 構造で構成素統御するが，その逆は成り立たない．このことは (81) の例で確認できる．(81) において，間接目的語の the devil が直接目的語の中の Brent を構成素統御するならば，束縛条件 (C) の違反が生じるはずである．

(81) Gary showed Brent$_i$'s parents to the devil$_i$.
(Johnson 1991, 614)

そうすると，(80) でも，everyone は what の痕跡を構成素統御しないはずである．それにもかかわらず，(80) には $\forall >$ WH の解釈が許される．これは一見，(75) の一般化に対する反例であるように見える．しかし，(80) の everyone が what の痕跡を構成素統御することを示唆する事実がある．まず，(82a, b) の対比を見よう．

(82)　a.　I showed each other$_i$'s friends to John and Mary$_i$.
　　　b.　*I showed each other$_i$'s friends John and Mary$_i$.
(Pesetsky 1995, 221–222)

(82a) の S 構造において，与格構文の間接目的語の John and Mary は，それに先行する直接目的語の each other's friends を構成素統御しないにもかかわらず，束縛条件 (A) の違反が生じていない．そこで，与格構文の D 構造は概略 (83) であり，直接目的語は間接目的語に構成素統御される位置に基底生成され，格照合のための直接目的語の前置と動詞の繰り上げによって (82a) の S 構造が派生されると仮定しよう (Larson 1988)．

(83)　I [$_{VP}$ to John and Mary$_i$ [$_{V'}$ showed each other$_i$'s friends]]

(83) の D 構造において，each other は John and Mary によって構成素統御されるので，束縛条件 (A) を満たす．この分析に基づくと，(80) の構造は (84) となるが，ここで，移動された what の痕跡は everyone に構

成素統御される．

(84)　[$_{CP}$ what$_i$ [$_{C'}$ C (did) [$_{IP}$ you give$_j$ [$_{VP}$ to everyone [$_{v'}$ t_j t_i]]]]]

したがって，(80) に ∀ > WH の解釈が許される事実は，(75) の一般化に従っている．一方，(82b) の非文法性が束縛条件 (A) の違反によるものであるとすると，二重目的語構文の直接目的語は，D 構造においても，間接目的語を構成素統御しないことを示していることになる．したがって，(85) の二重目的語構文においては，∀ > WH の解釈が許されない．

(85)　Who$_i$ did you give t_i everything?　(= (76b))

移動された wh 句が why や how である場合，普遍数量詞が wh 句の痕跡を構成素統御していても，∀ > WH の解釈は許されない．

(86)　a.　Why$_i$ did everyone [[hit him] t_i]?　(WH > ∀ / *∀ > WH)
　　　b.　How$_i$ did everyone [[hit him] t_i]?　(WH > ∀ / *∀ > WH)
(Aoun and Li 1993, 157)

この事実は，why や how が非指示的 (nonreferential) な wh 句であるという事実と関係づけることができる．ペアリスト読みを得るためには，普遍数量詞によって表される個体の集合のメンバーとペアにされるような，指示的な個体の集合が想定されなければならないが，why や how は非指示的な wh 句であるために，そのような指示的な個体の集合を想定できない．why や how にこのような意味的制約が課されているとすれば，(86) の一義性は，(75) の一般化の反例とはならない．

7.4.4　束縛条件に基づく説明

前節では，普遍数量詞を含む wh 疑問文についての一般化 (75)（再録）を提示し，その妥当性を検証した．

(75)　普遍数量詞を含む wh 疑問文に ∀ > WH の解釈が存在するのは，

普遍数量詞が移動された wh 句の痕跡を構成素統御している場合である．

本節では，この一般化について，束縛条件に基づく Sloan (1991) の説明を紹介し，その帰結を検討する．

　Sloan (1991) は，「wh 句である who や what は，疑問演算子 (O_{wh}) と照応形の性質を持つ音形のない代名詞 (Pro_{wh}) からなる，[O_{wh} [Pro_{wh}]] という内部構造を持ち，wh 移動のさいには，この構造の中から O_{wh} の部分だけが移動される場合と，[O_{wh} [Pro_{wh}]] という wh 句全体が移動される場合とがある」と述べている．この提案によれば，(87) に対しては，(87a) と (87b) の 2 通りの派生が可能である．

(87) What did everyone buy?
 a. [$_{CP}$ [what [Pro_{wh}]]$_i$ [$_{C'}$ C (did) [$_{IP}$ everyone buy t_i]]]
 b. [$_{CP}$ what$_i$ [$_{C'}$ C (did) [$_{IP}$ everyone buy [t_i [Pro_{wh}]]]]]

さらに，Sloan は (88) を仮定している．

(88) a. Pro_{wh} は照応形なので，疑問演算子または別の数量詞によって，局所的に構成素統御されなければならない．
 b. Pro_{wh} を局所的に構成素統御するのが普遍数量詞である場合，ペアリスト読みが得られ，それが同一指標を持つ wh 句である場合，個体読みが得られる．

この提案によれば，(87a) では，Pro_{wh} は what によって局所的に構成素統御されるので個体読みが得られ，(87b) では，Pro_{wh} は everyone によって局所的に構成素統御されるので，ペアリスト読みが得られる．

　次に，(89) を見よう．この文にも (89a, b) の 2 つの派生が可能である．

(89) Who bought everything?
 a. [$_{CP}$ [who [Pro_{wh}]]$_i$ [$_{C'}$ C (+wh) [$_{IP}$ t_i bought everything]]]
 b. [$_{CP}$ who$_i$ [$_{C'}$ C (+wh) [$_{IP}$ [t_i [Pro_{wh}]] bought everything]]]

いずれの構造においても，everything は Pro_{wh} を構成素統御せず，Pro_{wh}

はそれと同一指標を持つ who によって局所的に構成素統御される．したがって，(89) には WH $> \forall$ の解釈のみが許される．

ここで，(88a) の「局所的」という概念を明確にしよう．himself などの音形のある照応形には，束縛原理 (A) が適用され，同一節の中でその先行詞によって構成素統御されなければならない．たとえば，(90a) は容認可能だが，(90b) は非文である．

(90) a. John thinks (that) Mary$_i$ likes herself$_i$.
b. *John$_i$ thinks (that) Mary likes himself$_i$.

(88a) では，Pro$_{wh}$ は照応形の性質を持つ音形のない代名詞であると仮定しているので，(88a) の定義上の「局所的に構成素統御する」とは，「同一節の中で構成素統御する」ということを必要条件の一つとして含む，と仮定するのは自然である．そうすると，ペアリスト読みが可能となるためには，Pro$_{wh}$ を構成素統御する普遍数量詞は，Pro$_{wh}$ と同一節の中になくてはならないと予測するが，実際，この予測は正しい．(91a) では，WH $> \forall$ と $\forall >$ WH の両方の解釈が可能であるが，(91b, c) では，WH $> \forall$ の解釈しか許されない．

(91) a. Who do you think that everyone invited?
(WH $> \forall$ / $\forall >$ WH)
b. Who does everyone think you saw? (WH $> \forall$ / *$\forall >$ WH)
c. Who do you think everyone saw Mary kiss?
(WH $> \forall$ / *$\forall >$ WH) (Sloan 1991, 225)

ペアリスト読みを受けるときの (91a–c) の構造は，(92a–c) である．

(92) a. [$_{CP}$ who$_i$ do you think [$_{CP}$ that everyone invited [t_i [Pro$_{wh}$]]]]
b. [$_{CP}$ who$_i$ does everyone think [$_{CP}$ you saw [t_i [Pro$_{wh}$]]]]
c. [$_{CP}$ who$_i$ do you think everyone saw [$_{IP}$ Mary kiss [t_i [Pro$_{wh}$]]]]

(92a–c) のいずれにおいても，everyone は Pro$_{wh}$ を構成素統御している．

さらに，(92a) では，Pro_{wh} と everyone が同一節内にあるので，(88a) を満たし，∀ > WH の解釈が可能となる．一方，(92b, c) では，Pro_{wh} が everyone と同一節の中にないので，(91b, c) ではペアリスト読みが許されない．

(93) では，照応形の先行詞 John は照応形と同一節内にないが，先行詞と同一指標を持つ代名詞が照応形と同一節内にあるために，束縛原理 (A) を満たす．

(93) a. $John_i$ thinks [$_{CP}$ he_i saw $himself_i$].
b. $John_i$ expects [$_{IP}$ PRO_i to see $himself_i$].

同様の効果が，普遍数量詞と Pro_{wh} の関係にも見られる．

(94) a. Who_i does $everyone_j$ think [$_{CP}$ he_j saw [t_i [Pro_{wh}]]]?
b. Who_i does $everyone_j$ expect [$_{IP}$ PRO_j to see [t_i [Pro_{wh}]]]?

(94a, b) では，everyone と同一指標を持つ代名詞 (he または PRO) が，同一節内で Pro_{wh} を構成素統御しているために，Pro_{wh} が everyone によって局所的に構成素統御されていることになり，ペアリスト読みが可能となる．

これまで，この Pro_{wh} は，照応形の性質を持つ音形のない代名詞であると仮定してきた．しかし，Pro_{wh} を構成素統御する先行詞は，名詞句であれば何でもよいというわけではなく，疑問演算子または数量詞でなければならないので，Pro_{wh} は，照応形ではなく，束縛代名詞に対応する音形のない要素であると考えるべきであるかもしれない (cf. Chierchia 1991; 西垣内 1999)．

束縛代名詞は，通例，その先行詞である疑問演算子または数量詞によって，S 構造で構成素統御されなければならない (⇒ 7.2.1)．しかし，束縛代名詞が先行詞に構成素統御されていなくても，適格となる事例がある．

(95) a. His_i mother gave every $student_i$ his_i picture.
b. *His_i mother gave his_i picture to every $student_i$.

(95a, b) のいずれにおいても，his mother の his は every student によって構成素統御されず，認可条件 (35) を満たしていない．しかし，(95a) では，文中にある別の束縛代名詞 (his picture の his) が every student によって構成素統御され，認可条件 (35) を満たすので，his mother の his は his picture の his にリンクする束縛代名詞として認可され，容認可能となる．一方，(95b) では，his mother の his も his picture の his も，every student によって構成素統御されていないので，このような分析ができず，非文となる ($\Rightarrow$ 7.2.1)．

　(95) の事実から，Pro_{wh} が束縛代名詞に対応する音形のない要素であるとすると，これと同様の現象が見られると予測される．すなわち，Pro_{wh} が普遍数量詞によって構成素統御されていなくても，同一文中に認可条件 (35) を満たす別の束縛代名詞があれば，Pro_{wh} はその束縛代名詞にリンクする束縛代名詞として認可される．このとき，Pro_{wh} は普遍数量詞によって局所的に構成素統御されていると解釈されるために，(88b) により，当該の文にはペアリスト読みが得られる．この予測は，(96a, b) の対比によって支持される．

(96) 　a.　Who_i t_i packed every boy sandwiches.
　　　　　(WH > $\forall$ / *$\forall$ > WH)
　　　b.　Who_i t_i packed every boy_i his_i sandwiches.
　　　　　(WH > $\forall$ / $\forall$ > WH)　　　　　(Hornstein 1995, 117)

(96a) でも (96b) でも，every boy は who の痕跡 t を構成素統御していないが，束縛代名詞を含む (96b) ではペアリスト読みが可能である．ペアリスト読みを受けるときの (96b) は，(97) の構造を持つ．

(97) 　$[_{CP}$ who_j $[_{IP}$ $[t_j$ $[Pro_{wh}]]$ packed every boy_i his_i sandwiches$]]$

ここで，Pro_{wh} は every boy によって構成素統御されていないが，every boy によって構成素統御されている束縛代名詞 his にリンクすることにより，あたかも his と同じ位置にあるかのように解釈されるために，every boy によって局所的に構成素統御され，(88b) により，ペアリスト読

みが可能になると説明される．
　次に，(98) と (99) の対比を考えてみよう．

(98) Who remembers who every boy in the class went out with?
　　a. Mary remembers who every boy in the class went out with.
　　b. Mary remembers who John went out with, Susan remembers who Bill went out with, etc.
(99) Who remembers who went out with every boy in the class?
　　a. Mary remembers who went out with every boy in the class.
　　b. *Mary remembers who went out with John, Susan remembers who went out with Bill, etc.　　（西垣内 1999, 129）

(98) でも (99) でも，主節の主語である who の痕跡は，補文内の要素である every boy によって構成素統御されていない．それにもかかわらず，(98) には，主節の who と every boy をペアにする (98b) の答え方が可能であるのに対して，(99) には，両者をペアにする (99b) の答え方が許されない，という相違がある．Sloan (1991) の提案に基づくと，ペアリスト読みを受けるときの (98) と (99) の構造は，それぞれ，(100a)，(100b) となる．

(100) a. [$_{CP}$ who$_k$ [$_{IP}$ [t_k [Pro$_{wh}$]] remembers [$_{CP}$ who$_i$ [$_{IP}$ every boy in the class went out with [t_i [Pro$_{wh}$]]]]]　(= (98))
　　　b. *[$_{CP}$ who$_k$ [$_{IP}$ [t_k [Pro$_{wh}$]] remembers [$_{CP}$ who$_i$ [$_{IP}$ [t_i [Pro$_{wh}$]] went out with every boy in the class]]]]　(= (99))

(100a) では，補文内の Pro$_{wh}$ が every boy によって構成素統御され，束縛代名詞として認可されるので，主節の Pro$_{wh}$ を，この束縛代名詞にリンクする代名詞として分析することができる．したがって，(98) にはペアリスト読みが可能となる．一方，(100b) では，補文内の Pro$_{wh}$ も主節の Pro$_{wh}$ も every boy によって構成素統御されていないので，ペアリスト読みが許されない．
　最後に，残された問題を指摘しよう．まず，(101a, b) の対比がある．

(101a) でも (101b) でも，移動された what の痕跡は everyone によって構成素統御されているが，(101a) ではペアリスト読みが可能であるのに対して，what を先行詞とする寄生空所 (parasitic gap) を含む (101b) には，ペアリスト読みは許されない．

(101) a. What$_i$ did everyone review t_i?　(WH > ∀ / ∀ > WH)
　　　 b. What$_i$ did everyone review t_i before I read [$_{PG}$ e_i]?
　　　　 (WH > ∀ / *∀ > WH)　　　　(Hornstein 1995, 173)

Pro$_{wh}$ が every boy によって同一節内で構成素統御されていれば，ペアリスト読みが許されるはずなので，(101b) からペアリスト読みを排除するためには，(101b) には Pro$_{wh}$ が随伴 (pied-pipe) される (102a) の派生は許されるが，Pro$_{wh}$ が随伴されない (102b) の派生は許されないと言わなければならない．

(102) a.　[$_{CP}$ [what$_i$ [Pro$_{wh}$]] [$_{C'}$ C (did) [$_{IP}$ everyone review t_i [before ... [$_{PG}$ e_i]]]]]
　　　 b. *[$_{CP}$ what$_i$ [$_{C'}$ C (did) [$_{IP}$ everyone review [t_i [Pro$_{wh}$]] [before ... [$_{PG}$ e_i]]]]]

しかし，寄生空所を認可する wh 句が移動するさいに，Pro$_{wh}$ を随伴しなければならない理由は明らかではない．

　第二に，移動された wh 句とその痕跡の間に，島が介在する場合には，wh 句の痕跡が everyone によって構成素統御されていても，ペアリスト読みは許されないという事実がある．

(103) a.　What$_i$ did you say that everyone [didn't buy t_i]?
　　　 b. What$_i$ [didn't you say that everyone bought t_i]?
　　　 c. What$_i$ [didn't everyone buy t_i]?　(Aoun and Li 1993, 81)
　　　 d. What$_i$ did you wonder [whether everyone bought t_i]?
　　　 e. What$_i$ did everyone make [a plan to say t_i]?
　　　 f. What$_i$ did you make [the claim that everyone said t_i]?
　　　 g. What$_i$ did everyone go to Rome [without visiting t_i]?

（103a–c）では「否定の島」，（103d）では「wh 島」，（103e–f）では「複合名詞句」，（103g）では「付加詞節」が，wh 句とその痕跡の間に介在する．wh 島，複合名詞句，付加詞節を越える移動は下接の条件に抵触するので，（103d–g）はいずれも完全に容認可能な文ではない．しかし，ここで重要なのは，（103a–g）にはいずれも WH > ∀ の解釈しか許されず，∀ > WH の解釈（ペアリスト読み）は完全に容認不可能になるという事実である．Sloan (1991) の提案に基づくと，たとえば，(103c) には Pro_{wh} が随伴される（104a）の派生は許されるが，Pro_{wh} が随伴されない（104b）の派生は許されないと言わなければならない．

(104)　a.　$[_{CP}$ [what$_i$ [Pro$_{wh}$]] $[_{C'}$ C (didn't)] $[_{IP}$ everyone buy t_i]]]
　　　b.　*$[_{CP}$ what$_i$ $[_{C'}$ C (didn't)] $[_{IP}$ everyone buy $[t_i$ [Pro$_{wh}$]]]]]

しかし，島の中から外へ移動する wh 要素が Pro_{wh} を随伴しなければならない理由は，明らかではない．

本節では，wh 句の内部構造は $[O_{wh}$ [Pro$_{wh}$]] であるという Sloan (1991) の提案によって，普遍数量詞と wh 疑問詞の作用域関係に関する (75) の一般化が，どのように説明されるかについて検討してきた．Pro_{wh} は，同一節内の先行詞によって構成素統御されなければならないという照応形の性質と，演算子によって構成素統御される別の束縛代名詞に解釈上依存して認可されるという束縛代名詞の性質を，併せ持つ要素であることを見た．

7.5　遊離数量詞の作用域

遊離数量詞（floating quantifier: FQ）とは，それが量化する名詞句から離れた位置に生じる数量詞のことであり，英語では，(105b) の all, both, each という 3 種類の普遍数量詞がこれに相当する．

(105)　a.　{All / Both} the brothers have left. / Each of the brothers has left.
　　　b.　The brothers have {all / both / each} left.

(105a) に示すように, 遊離数量詞 (FQ) として用いられる数量詞は, 名詞句内に生じ, 修飾語として用いることもできる.

FQ の作用域は, 非遊離数量詞の作用域と違って, それが S 構造で生じる位置に基づいて決定される.

(106) a. Some student thinks that each of the professors is incompetent.
b. Some student thinks that the professors are each incompetent.　　　　　　　　　　　　(Williams 1982, 284)
(107) a. Someone gave each of them five dollars.
b. Someone gave them each five dollars.
　　　　　　　　　　　　　　　　　(Hasegawa 1993)

(106), (107) の (a) の文は多義的であり, some > each の解釈と each > some の解釈があるのに対して, (b) の文は, S 構造での階層関係を反映した, some > each の解釈しか持たない. (a) の文が多義的となるのは, LF 部門で each を主要部とする名詞句が QR によって主節の IP 付加位置に移動し, some を主要部とする名詞句を構成素統御することができるためである. これに対して, (b) の文の一義性は, FQ の each に対して, IP 付加位置への QR を適用できないことを示している ((106a) に each > some の解釈がある事実は, each 句の QR は, every 句の QR と違って, 節境界性の制約に従わないことを示す).

FQ に課されるこの制限は, FQ の先行詞が VP 内から IP 指定部へ A 移動を受けているという事実と関係づけることができる. そもそも, 数量詞が QR を受けるのは, 痕跡を変項として束縛しなければならないからであるが, もし FQ が, それ自身 QR の適用を受けなくても, その先行詞の移動によって生じる痕跡を変項として束縛することができるならば, FQ は移動する必要がない. したがって, 経済性の原理 (principle of economy) によって, そのような不必要な移動は禁止される.

ここで, 中村 (1996) に従い, (105b) の S 構造は (108) であると仮定しよう.

(108)　[$_{IP}$ [$_{DP}$ the brothers]$_i$ [$_{I'}$ [$_{VP}$ [all / both / each]$_i$ [$_{VP}$ t_i [$_{V'}$ left]]]]]

(108)で，FQ の all / both / each は，VP 付加位置に基底生成された数量詞である．そして，その先行詞である the brothers は，VP 指定部に痕跡を残し，この FQ を越えて IP 指定部に移動している．ここで，FQ は A′位置にあり，かつ，the brothers の痕跡を構成素統御しているので，元位置で当該の痕跡を変項として束縛できる．したがって，FQ は，いわば顕在部門で QR が適用されたのと同じ効果を持つ．経済性の原理により，FQ は，さらに IP 付加位置へ QR の適用を受けることはできないので，S 構造の位置で作用域を決定され，(106b)，(107b)の一義性が説明できる（cf. Doetjes 1992）．

7.6　日英語の比較

これまで，英語の演算子に関する事実のみを見てきたが，日本語の演算子は，いくつかの点で，それに対応する英語の演算子と異なった性質を示す．本節では，演算子の作用域に関する英語と日本語の差異を指摘し，それらの違いが何に起因するものであるかを考察する．

7.6.1　日英語の数量詞の作用域

同一単文中に普遍数量詞と存在数量詞が共起した場合，英語では多義性が生じるが，対応する日本語の文に多義性はなく，S 構造での階層関係を反映した解釈しか存在しないのが通例である（Kuroda 1970）．

(109)　Some boy admires every girl.　（∃ > ∀ / ∀ > ∃）
(110)　誰かがすべての少年を賞賛している．（∃ > ∀ / *∀ > ∃）

ただし，日本語でも，普遍数量詞と存在数量詞が共起する単文が，多義性を生じる場合がある．日本語には，SOV という基本語順から OSV の語順を派生する「かき混ぜ」という操作が存在するが，この操作が適用された (111) においては，語順的には (110) と同じく，存在数量詞が普遍数量詞に先行しているにもかかわらず ∃ > ∀ の解釈に加えて ∀ > ∃ の解釈

も可能となる．つまり，(111)には，「少年の集合のメンバーの1人1人について，彼が賞賛している人が少なくとも1人はいる」という解釈 (∀>∃ の解釈) と，「ある1人の人を，少年の集合のすべてのメンバーが賞賛している」という解釈 (∃>∀ の解釈) の両方が許される．

(111)　誰かをすべての少年が賞賛している．(∃>∀ / ∀>∃)

(110) と (111) の対比は，日本語では，かき混ぜ操作の有無が数量詞の作用域に影響を与えることを示す．

この事実をふまえて，(112a, b) の対比を考えてみよう．

(112)　a.　2人の少年がすべての本を読んだ．(∃>∀ / *∀>∃)
　　　　b.　すべての本を2人の少年が読んだ．(∃>∀ / ∀>∃)
　　　　c.　[すべての本を$_i$ [2人の少年が t_i 読んだ]]

(112a) には ∃>∀ の解釈しかないのに対して，(112b) には ∃>∀ の解釈に加えて，∀>∃ の解釈も存在する．∃>∀ の解釈は，「2人の少年のそれぞれが，(問題となっている) すべての本を読んだ」という解釈である．これに対して，∀>∃ の解釈では，本の集合の中の1冊1冊について，それを読んだ少年が少なくとも2人いるのだが，個々の本を読んだ2人の少年については，本ごとに異なっていてもよい．(112b) で目的語にかき混ぜ操作を適用した結果，この第二の解釈が生じることから，かき混ぜ操作は単なる語順倒置ではなく，wh 移動と同じように，元位置に痕跡を残す移動操作であると言える．(112b) の構造である (112c) において，かき混ぜ操作によって文頭に前置された目的語が主語を構成素統御し，主語が目的語の痕跡を構成素統御している．この構造に作用域の原理 (1) (再録) を適用することによって，この文の多義性が説明される．

(1)　LF 構造で，数量詞 A が数量詞 B またはその痕跡を構成素統御する場合，A が B より広い作用域を持つ．

(1) が正しいとすると，(110) に ∀>∃ の解釈が許されないという事実は，「日本語では，目的語の数量詞に LF で QR を適用し，文頭に移動

することはできない」と仮定しなければならない．しかし，日英語の間でなぜこのような違いが生じるのかは，今後の研究によって明らかにされるべき課題である（関連する議論は，Kayne (1998) を参照）．

7.6.2　日英語の *wh*-in-situ の作用域

英語の *wh*-in-situ は，CP 指定部に顕在部門で移動された wh 句に依存して，その作用域が決定される．したがって，(113) のように，顕在部門で移動された wh 句が 2 つある文では，(114a, b) の 2 通りの答え方が可能である（⇒ 7.4.1）．

(113)　Who wonders where we bought what?
(114)　a.　John wonders where we bought what.
　　　 b.　John wonders where we bought apples, Bill wonders where we bought oranges, and Tom wonders where we bought bananas.

これに対して，日本語では，疑問節の中にある *wh*-in-situ は，その節の外で作用域を持つことができない．したがって，(115) の疑問文に対して許される答え方は，(116) である（西垣内 (1999, 126) は同様の文に対して，「誰が」と「どこで」をペアにして答える答え方，つまり，「どこで」が主節の作用域を持つ解釈が可能であると述べているが，筆者にはこの解釈は存在しないように思われる）．

(115)　誰が［太郎がどこで何を買ったか］知っていますか？
(116)　花子が［太郎がどこで何を買ったか］知っています．

英語と日本語の間のこの対比は，顕在部門での wh 移動が，英語では義務的であるのに対して，日本語には存在しないという事実と関連がある．

(117)　a.　*Did John buy what?
　　　 b.　太郎は何を買いましたか？

日本語には顕在部門での wh 移動が存在しない代わりに，疑問節の末尾に，

当該の節が疑問節であることを示す Q 小辞（Q-particle）の「か」が現れる．これらの事実をもとに，英語と日本語の *wh*-in-situ は，別々の方法で作用域を決定されるとしよう．英語の *wh*-in-situ は，量化の力（quantificational force）を持つ演算子であり，顕在的に移動した任意の wh 句と「wh 併合」を受けることにより，その wh 句と同じ作用域を持つのに対して（⇒ 6.3.3），日本語の wh 句は，量化の力を持たない不定代名詞（indeterminate pronoun）であって，その作用域は，節の末尾に付く Q 小辞「か」によって構成素統御されることにより決定される（cf. Kuroda 1965）．さらに，wh 併合は局所的制限を受けないのに対して，Q 小辞による作用域の決定は，以下の局所性条件（locality condition）に従うと仮定しよう．

(118)　局所性条件：
　　　a.　不定代名詞は，それを局所的に構成素統御する Q 小辞の位置で，作用域を決定される．
　　　b.　Q 小辞が不定代名詞を局所的に構成素統御するのは，両者の間に，不定代名詞を構成素統御する別の Q 小辞が介在しないときに限られる．

(118) によると，(115) の疑問節の中にある「何を」も「どこで」も，補文内の「か」によって局所的に構成素統御されるので，これらが補文の外で作用域を持つことができないことが説明される．

　英語の *wh*-in-situ が「wh 併合」によって作用域を決定され，日本語の *wh*-in-situ が「Q 小辞による局所的な構成素統御」によって作用域を決定されるという違いは，英語と日本語の wh 句の内部構造，または形態の違いに帰せられる可能性がある．たとえば，英語の wh 句である who や what は，WH + someone，WH + something と分析できるのに対して（Katz and Postal 1964），日本語の wh 句である「誰」は，小辞である「か」や「も」と結びついて存在数量詞「誰か」や普遍数量詞「誰も」を作るという形態論上の相違があり，この差異が両言語の wh 句の作用域の取り方の違いを生じている可能性がある（Kuroda 1965; Watanabe 1991; Tsai 1994）．

7.6.3 日英語の疑問詞と数量詞の作用域関係

英語では，(119) のように，目的語の wh 句が主語の普遍数量詞を越えて wh 移動を受けた場合，WH > ∀ の解釈と ∀ > WH の解釈の両方が得られ，多義的になる．ところが，(119) に対応する日本語の (120a) には，∀ > WH の解釈は存在しない．また，(120a) の wh 句と普遍数量詞の語順を入れ替えた (120b) は，いかなる解釈のもとでも容認不可能な文である．

(119) What did everyone buy? （WH > ∀ / ∀ > WH）
(120) a. 何を誰もが買いましたか？ （WH > ∀ / *∀ > WH）
b.?*誰もが何を買いましたか？

まず，(120b) の非文法性について考えよう．(120b) と同様の容認性の低下が，(121) や (122) のように，普遍数量詞を焦点演算子に替えても観察されるので，(120b) の非文法性は，普遍数量詞に特定的に言及する何らかの条件によって説明されるべきではない．

(121) a. 何をジョンしか食べなかったのですか？
（WH >「ジョンしか」）
b.?*ジョンしか何を食べなかったのですか？ （cf. Aoyagi and Ishii 1994）
(122) a. 何をジョンさえ食べなかったのですか？
（WH >「ジョンさえ」）
b.?*ジョンさえ何を食べなかったのですか？

また，(120b) と同じく「誰も」が「何を」に先行していても，(123a) は容認されるのに対して，(123b) は容認されないという違いがあるので，「誰も」と「何」の語順または階層関係それ自体が問題であるわけではない．

(123) a. 誰もが [太郎が花子に何をあげるべきか] 提案した．
b.?*誰もが [太郎が花子に何をあげるべきだと] 言いましたか？

(123a, b) のいずれにおいても,「誰も」は主節の要素であり「何」は補文内の要素であるが,(123a) では,「何」が補文内で作用域を持つのに対して,(123b) では「何」が主節,すなわち,「誰も」と同じ節で作用域を持つという点で異なる.したがって,(120b),(121b),(122b) の容認度の低下は,「誰も」「ジョンしか」「ジョンさえ」という演算子と「何」という wh 句が同一節で作用域を持つときにのみ働く,何らかの制約に原因があると言える.

そこで,Q 小辞とそれによって作用域を決定される不定代名詞の間に働く,最小性条件 (minimality condition) を提案する.

(124) 最小性条件:不定代名詞が,ある Q 小辞によって作用域を決定されるとき,その Q 小辞と不定代名詞の間に別の演算子が介在してはならない.

(124) の条件に基づくと,(120b),(121b),(122b),(123b) の非文法性は,次のように説明される.(120b) の構造は (125) である.

(125) [$_{CP}$ [$_{IP}$ 誰もが [$_{VP}$ 何を$_i$ 買いました]] C$_i$ (か)]

ここで,「何」は CP の主要部である「か」によって作用域を決定されるが,「か」が「誰も」を構成素統御し,「誰も」が「何」を構成素統御するので,「か」と「何」の間に別の演算子「誰も」が介在していることになる.したがって,(120b) は (124) に違反するために非文となる.同じ説明は,(121b),(122b),(123b) に対しても与えることができる.

一方,(120a),(121a),(122a),(123a) の文法性は次のように説明される.(120a) と (123a) の構造は,それぞれ,(126a, b) である.

(126) a. [$_{CP}$ [$_{IP}$ 何を$_i$ [$_{IP}$ 誰もが t_i 買いました]] C$_i$ (か)]
      b. [$_{IP}$ 誰もが [$_{CP}$ [$_{IP}$ 太郎が花子に何を$_i$ あげるべき] C$_i$ (か)] 提案した]

(126a) でも (126b) でも,「か」と「何」の間に「誰も」が介在しないので,(124) の違反は生じていない.したがって,(120a) と (123a) が文

法的であることが説明される．同様の説明が，(121a)，(122a) に対してもあてはまる．

次に，(119) の多義性と (120a) の一義性の間の対比について考えよう（例文再録）．

(119)　What did everyone buy?　（WH > ∀ / ∀ > WH）
(120)　a.　何を誰もが買いましたか？　（WH > ∀ / *∀ > WH）

この対比は，移動している wh 句の内部構造の違いに還元することができる．7.4.2 節で，英語の wh 句の内部構造は $[O_{wh} [Pro_{wh}]]$ であるという Sloan (1991) の提案に基づき，(119) の多義性が，(119) に対して与えられる 2 つの異なる派生 (127a, b) に基づいて決定されると論じた．

(127)　What did everyone buy?
　　　a.　$[_{CP} [what [Pro_{wh}]]_i [_{C'} C (did) [_{IP} everyone buy t_i]]]$
　　　b.　$[_{CP} what_i [_{C'} C (did) [_{IP} everyone buy [t_i [Pro_{wh}]]]]]$

(127a) では，what が Pro_{wh} を局所的に構成素統御していることから，WH > ∀ の解釈が得られるのに対して，(127b) では everyone が Pro_{wh} を局所的に構成素統御していることから，∀ > WH の解釈が得られるということであった．これに対して，日本語の wh 句は演算子ではなく量化の力のない不定代名詞であるので，その内部構造は，演算子と代名詞を含む $[O_{wh} [Pro_{wh}]]$ という構造ではなく，$[Pro_{wh}]$ であると仮定しよう．すると，wh 句がかき混ぜ操作によって文頭に移動している (120a) に対しては，(128) の S 構造が与えられる．

(128)　$[_{CP} [_{IP} [Pro_{wh}]_i [_{IP} 誰もが t_i 買いました]] C_i (か)]$

ここで，「か」と「何」(= Pro_{wh}) の間に「誰も」は介在しないので，(124) の違反は生じない．しかし，「誰も」ではなく「か」が「何」を局所的に構成素統御するので，WH > ∀ の解釈が得られる．一方，かき混ぜ操作によって文頭に移動した「何」が LF で元位置に再構築されると，(129) が得られる (cf. Saito 1992)．

(129) [$_{CP}$ [$_{IP}$ 誰もが [Pro$_{wh}$]$_i$ 買いました] C$_i$ (か)]

ここでは「誰も」が「何」を局所的に構成素統御するが，この構造では「か」と「何」の間に「誰も」が介在し，(124)の違反が生じている．したがって，(120a)にはWH > ∀の解釈しか許されないことが説明される．

7.7 まとめ

　本章では，第一に，数量詞の作用域は QR によって決定されると仮定し，同一文中に複数の数量詞が生じた場合の作用域関係について論じた．第二に，束縛代名詞の分布に関するさまざまの事実を見ながら，その認可条件として，「束縛代名詞は，その先行詞となる演算子の痕跡によって構成素統御されなければならない」という条件と，「束縛代名詞は，その先行詞となる演算子によって構成素統御されなければならない」という条件の，いずれが妥当であるかを検討した．第三に，wh 句の作用域は wh 移動または wh 併合によって決定されると仮定し，同一文中に複数の wh 句が生じた場合の作用域関係，および，同一文中に wh 句と普遍数量詞が生じた場合の作用域関係について検討し，どのような構造条件のもとで wh 疑問文に対してペアリスト読みが与えられるかについて明らかにした．第四に，遊離数量詞の作用域が S 構造の位置で決定されるという事実に対して，「遊離数量詞は先行詞の痕跡を変項として束縛する」という，中村 (1996) の提案に基づく説明を提示した．最後に，数量詞および *wh*-in-situ の作用域に関する英語と日本語の相違を指摘し，これを原理的に説明する方法を提示した．

第 8 章 法演算子の作用域

　法演算子（modal operator）は，「話者が一定の命題の実現可能性について述べる場合に用いる」という意味的な共通点を持っている．この演算子は，want, look for, ask for, try, plan, expect, need, request, order, allow などの動詞，likely, certain, possible などの形容詞，may, must, will, should, can などの助動詞に含まれる．本節では，これらの法演算子の性質を，その作用域内にある不定名詞句の解釈や普遍数量詞との作用域関係などをもとに検討する．

8.1　不定名詞句の特定的解釈と非特定的解釈

　a book のような不定名詞句には，その指示物が，少なくとも話者にとって特定されている場合の解釈（特定的解釈）と，そうでない場合の解釈（非特定的解釈）が可能である．しかし，この 2 通りの解釈がどんな場合でも可能なわけではなく，不定名詞句の解釈は，それが生じる文によって，さまざまに異なる．たとえば，過去時制の平叙文の目的語位置に生じる不定名詞句には，特定的解釈しか許されない．

　（1）　a.　John read a book.
　　　　b.　John played a sonata.

しかし，同じく動詞の時制が過去であっても，不定名詞句が疑問文，非叙実的述語の補文，却下条件節の目的語位置に生じた場合，非特定的解釈が可能となる（(2b, c) は中村 (1983, 255) から引用）．

(2) a. Did you see a picture of Chomsky?
b. The women thought that the child had read a book.
c. If John had read a book, he would have found it interesting.

また，次のような総称的文脈では，目的語の不定名詞句は，特定的解釈と非特定的解釈の両方を持つようになる．

(3) a. I usually read a book by Robertson Davies.
b. I usually play a sonata by Dittersdorf.

(Diesing 1992, 109)

動詞の選択によっても，不定名詞句の解釈は影響を受け，総称的文脈でも，心理動詞 (psych verb) は，その目的語に特定的解釈しか許さない．

(4) a. I usually like a picture of manatees.
b. I generally hate an article about carpenter ants.

(*ibid*., 113–114)

逆に，創造動詞 (creation verb) は，総称的文脈では，その目的語の不定名詞句に非特定的解釈しか許さない．

(5) a. I usually write a book about slugs.
b. I usually draw a map of Belchertown.　　　(*ibid*., 111)

このように，動詞の目的語位置の不定名詞句は，動詞の種類，動詞の時制が過去時制であるか現在時制であるか，平叙文であるか疑問文であるかなどのさまざまの要因によって，特定的解釈が要請されたり，非特定的解釈が要請されたり，いずれの解釈も可能であったりする．

8.2　法演算子と不定名詞句の解釈

前節では，法演算子を含まない文において，目的語位置の不定名詞句がどのように解釈されるかについて論じたが，本節では，法演算子を含む文中に生じる不定名詞句の解釈について論じる．

まず，次の文を考えてみよう．

（6） John wants to catch a fish.

動詞 want は，その補文の表す出来事が，まだ実現していないことを表す法演算子を含んでいる．このような法演算子を含む動詞の補文の中にある不定名詞句は，特定的解釈と非特定的解釈の両方を許す．特定的解釈は，John が魚を捕まえるという出来事が実現していなくても，John が捕まえたい魚は認知可能であるという解釈であり，非特定的解釈は，John が魚を捕まえてはじめて，その魚が認知可能になるという解釈である．

Diesing (1992) の写像仮説（⇒ 6.3.4）によれば，特定的解釈を受ける不定名詞句は VP の外に移動し，制限節に写像されるのに対して，非特定的解釈を受ける不定名詞句は主節の VP の内部にとどまり，中核作用域に写像される．(6) について言えば，特定的解釈を受けるときの a fish は，LF で主節の IP 付加位置に移動し，制限節に写像されるのに対して，非特定的解釈を受けるときの a fish は，LF で主節の VP 付加位置に移動し，中核作用域に写像される (Diesing (1992, 77–78) と違って，本稿では VP 付加位置は VP の断片に支配されているので，VP に含まれて (contain) おり，中核作用域に写像されると仮定する．cf. Chomsky 1995, 44).

（7） a.　[$_{IP}$ a fish$_i$ [$_{IP}$ John [$_{VP}$ wants [$_{IP}$ to catch t_i]]]]　（特定的解釈）
　　　b.　[$_{IP}$ John [$_{VP}$ a fish$_i$ [$_{VP}$ wants [$_{IP}$ to catch t_i]]]]　（非特定的解釈）

(7b) で a fish は主節の VP に付加しているが，a fish が補文内の IP や VP に付加しても，a fish には非特定的解釈が得られる．

このことをふまえて，(8a, b) の対比を考えてみよう．

（8） a.　John wants to catch a girl.
　　　b.　A girl wants to catch John.

(8a) の a girl は，(6) と同様，特定的解釈と非特定的解釈の両方を持ち，多義的であるが，(8b) の a girl には特定的解釈しか許されない．これは，

(8b) の a girl が主語であり，もともと主節の VP の外にあるためである．
　(9a) の a unicorn および (9b) の many people は，S 構造では主節の VP の外にあるが，非特定的解釈が可能である．

　（9） a. A unicorn$_i$ [$_{VP}$ is likely [$_{IP}$ t_i to appear on your doorstep]].
　　　　 b. Many people$_i$ [$_{VP}$ are forbidden [$_{IP}$ t_i to leave]].

(9a) では，likely が繰り上げ述部であり，a unicorn の痕跡の位置は主節の VP の中にある．(9b) の受動文でも，many people の痕跡は VP の中にある．したがって，当該の名詞句は，LF で VP 内の痕跡の位置に再構築された場合，中核作用域に写像され，非特定的解釈を受けるのに対して，LF で再構築されない場合，制限節に写像され，特定的解釈を受けると言える．
　これらの事例は，不定名詞句の特定的解釈と非特定的解釈は，その LF での位置に基づいて決まることを示す．
　(6) の a fish のように，法演算子の補文内にある不定名詞句が特定的にも非特定的にも解釈できるのは，当該の不定名詞句が，主節の IP にも VP にも付加できるためであると述べた．しかし，a fish を先行詞とする代名詞を含む構成素を (10) のように等位接続すると，非特定的解釈が排除される場合がある．(10a, b) の対比を考えてみよう．

　（10） a. John wants to touch a fish and kiss it too.
　　　　 b. John wants to touch a fish and I want to kiss it.
　　　　　　　　　　　　　　　　　　　　　　（Jackendoff 1972, 287）

(10a, b) のいずれも，不定名詞句 a fish を先行詞とする代名詞 it を含むが，(10a) の a fish には特定的解釈と非特定的解釈の両方が許されるのに対して，(10b) の a fish には特定的解釈しか許されない．(10a, b) は，IP の等位接続であるか，VP の等位接続であるかにおいてのみ異なる．以下では，この対比が，束縛代名詞の認可条件 (11)（第 7 章の (39)）と，Diesing (1992) の写像仮説によって説明できることを示す．

(11) 束縛代名詞は，演算子によって構成素統御されなければならない．

まず，(10a)の多義性から見よう．(10a)は，補文のVPの等位接続を含む文である．したがって，a fish は，(12a)のように，LFで主節のVP付加位置に移動することによって，非特定的解釈を受ける．(この移動は，等位構造制約 (Coordinate Structure Constraint: CSC) に違反しない．A student [[likes every professor$_1$] and [wants him$_1$ to be on his committee]]. が，∀＞∃の解釈で容認可能であるという事実(第7章の(41a))は，等位構造の一方の等位項の中にある数量詞が，別の等位項の中にある代名詞の先行詞となっている場合には，数量詞の等位構造の外への移動は，CSCによって禁止されないことを示す．)

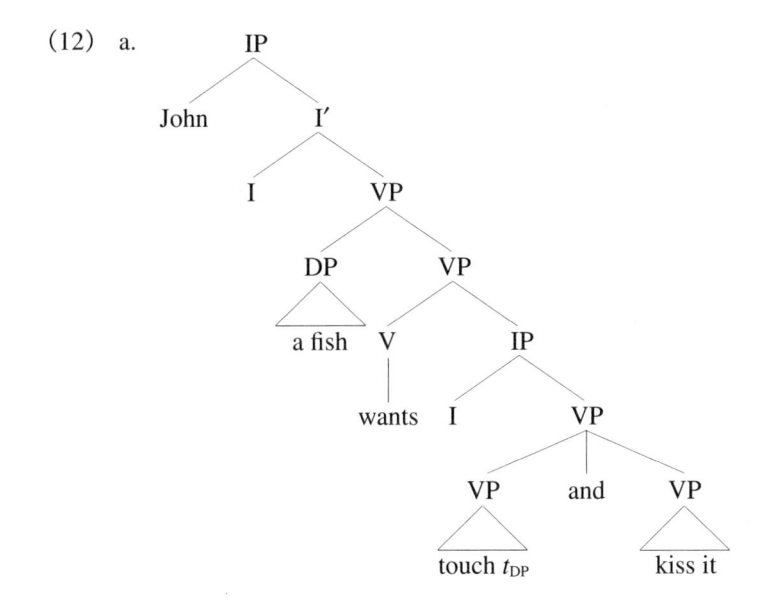

(12) a.
```
              IP
            /    \
         John    I'
                /  \
               I    VP
                   /  \
                 DP    VP
                 /\   /  \
              a fish V    IP
                     |   /  \
                   wants I   VP
                            / | \
                          VP and VP
                          /\      /\
                    touch t_DP  kiss it
```

ここで，a fish は，VP 付加位置から it を構成素統御するので，束縛代名詞の認可条件 (11) を満たす．一方，特定的解釈を受けるときの a fish は，(12b) のように，LF で主節の IP に付加し，制限節に写像される．

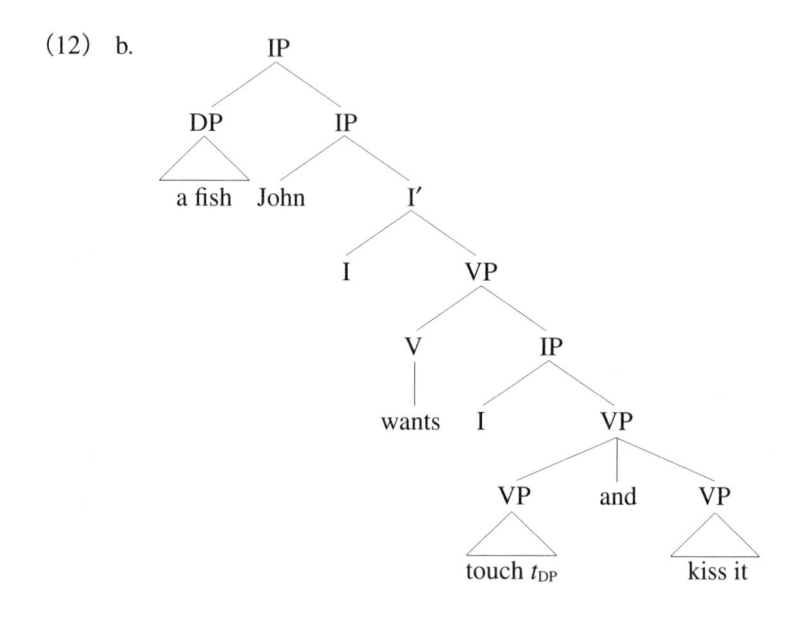

(12) b.

```
            IP
           /  \
          DP   IP
          /\   /  \
       a fish John  I'
                    /  \
                   I    VP
                        /  \
                       V    IP
                       |   /  \
                     wants I   VP
                              / | \
                            VP and VP
                            /\     /\
                       touch t_DP  kiss it
```

(12b) の a fish のように，特定的解釈を持つ名詞句に解釈上依存する代名詞 it は，束縛代名詞ではなく指示代名詞として認可される．(12b) の LF 構造は，何の条件にも違反していない．したがって，(10a) の不定名詞句に多義的な解釈が許されることが説明される．

　(10a) と違って，(10b) は IP の等位接続である．非特定的解釈を受けるときの a fish は，主節の VP 付加位置へ移動し，(13a) の LF 構造が得られる．

(13) a.

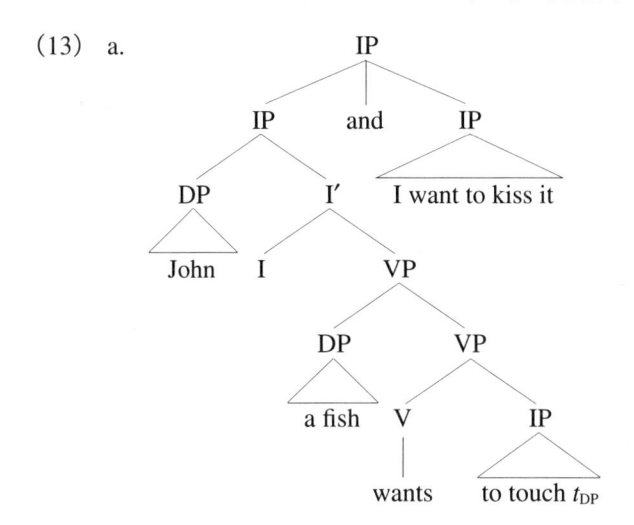

```
                    IP
                  / |  \
                IP  and  IP
              /  \       (I want to kiss it)
            DP    I'
          (John) / \
                I   VP
                   / \
                  DP  VP
                (a fish) / \
                        V   IP
                      wants  (to touch t_DP)
```

ここで，a fish は，移動後も等位構造の一方の等位項の中に含まれているので，it を構成素統御することができず，it が束縛代名詞であるとすると，認可条件 (11) を満たすことができない．したがって，(10b) の a fish に非特定的解釈は許されない．一方，a fish が特定的解釈を受けるときの (10b) の LF 構造は，(13b) である．(13b) の LF 構造において，代名詞 it は指示代名詞であるので，束縛代名詞の認可条件 (11) は無関係である．したがって，(13b) のみが可能な LF 構造であるとみなされ，a fish には特定的解釈のみが可能であることが説明される．

(13) b.

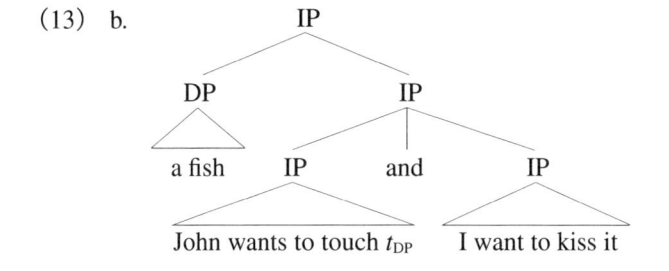

```
                IP
              /    \
            DP      IP
         (a fish) / | \
                IP and IP
         (John wants     (I want to kiss it)
          to touch t_DP)
```

次に，(14a, b) について考えよう．(14a, b) はいずれも IP の等位接続であるので，これまでの説明では，(14a, b) の a fish には，(10b) の a fish と同じく，特定的解釈しか許されないと予測される．しかし，実際には，特定的解釈のみならず非特定的解釈も可能である．

(14) a. John$_1$ wants to catch a fish and he$_1$ wants to eat it.

(中村 1983b, 267)

   b. John$_1$ wants to catch a fish and he$_1$ will eat it for breakfast.

(*ibid.*, 268)

(14a, b) には，等位構造の前半と後半で主節の主語が同一指示であるという共通点があり，この点で (10b) と異なる．そこで，(14a, b) のような文に対しては，LF で，意味の同一性をもとに構造の一部を「切り取る」再分析が起こり，IP ではなく VP を等位接続する構造が得られ，その派生構造に対して，a fish の QR が適用されるとしよう．この提案に基づくと，不定名詞句が非特定的解釈を受けるときの (14a, b) の LF 構造は，(15a) となる．

(15) a. [$_{IP}$ John [$_{I'}$ I [$_{VP}$ [$_{DP}$ a fish] [$_{VP}$ [$_{VP}$ wants to catch t_{DP}] and [$_{VP}$ wants to eat it / will eat it for breakfast]]]]]
   b. [$_{IP}$ [$_{DP}$ a fish] [$_{IP}$ John [$_{I'}$ I [$_{VP}$ [$_{VP}$ wants to catch t_{DP}] and [$_{VP}$ wants to eat it / will eat it for breakfast]]]]]

(15a) で，VP 付加位置の a fish は，等位構造の中の代名詞 it を構成素統御するので，認可条件 (11) を満たす．一方，特定的解釈を受けるときの a fish は，(15b) のように，IP に付加する．ここで，代名詞 it は指示代名詞であるので，束縛代名詞の認可条件 (11) とは関係なく認可される．(14a, b) の a fish に特定的解釈と非特定的解釈の両方が可能となる事実は，このように説明される．

　このように，ある法演算子の作用域内にある不定名詞句が，別の法演算子の作用域内にある束縛代名詞の先行詞となるとき，その不定名詞句が特定的解釈しか受けられない場合と，非特定的解釈も受けられる場合がある

という事実は，束縛代名詞の認可条件（11）と Diesing（1992）の写像仮説を用いて説明できる．

8.3 法助動詞と数量詞の作用域関係

本節では，法演算子の一種である法助動詞について検討する．

法助動詞は通例，認識的 (epistemic: E) 用法と根源的 (root: R) 用法の2つに区分される．認識的用法の法助動詞は，話者が自分の知識や信念をもとに，ある命題について，その確からしさ（probability）を述べるさいに用いるものであり，must（〜に違いない），may（〜かもしれない），can（〜でありえる），will（〜だろう）などの認識的用法が見られる．これに対して，根源的用法とは，話者が文の主語の意志（will），能力（can），義務（must），許可（may）など，文の主語についての判断を述べるさいに用いるものである．

Ross（1969）は，認識的用法と根源的用法の区別は，統語論にも反映されており，前者は繰り上げ述部，後者はコントロール述部であると仮定している．VP内主語仮説のもとでは，この違いは（16a, b）のように記述できる．

(16) a. $[_{IP}\text{ NP}_1 \text{ Modal}_E [_{VP} t_1 \text{ V}']]$ （認識的用法）
b. $[_{IP}\text{ NP}_1 \text{ Modal}_R [_{VP} \text{PRO}_1 \text{ V}']]$ （根源的用法）

認識的用法と根源的用法の法助動詞を，このように構造上区別する理由について考えよう．第一に，根源的用法の法助動詞を用いた文では，能動文（17a）と受動文（17b）で意味が異なるのに対して，認識的用法の法助動詞を用いた文では，能動文（18a）と受動文（18b）が同義である．

(17) a. The doctor must$_R$ examine John.　≠
b. John must$_R$ be examined by the doctor.
(18) a. John may$_E$ visit Mary.　=
b. Mary may$_E$ be visited by John.

これは，コントロール動詞の補文内で受動化を適用した文（19b）が，も

との文 (19a) と同義にならないのに対し，繰り上げ動詞の補文内で受動化を適用した文 (20b) が，もとの文 (20a) と同義になるのと平行的である．

(19) a. The doctor wants [PRO to examine John]. ≠
　　 b. John wants [PRO to be examined by the doctor].
(20) a. John seems [t to have visited Mary]. =
　　 b. Mary seems [t to have been visited by John].

第二に，認識的用法の法助動詞と根源的用法の法助動詞の間に，(16a, b) のような構造的差異があるとすると，法助動詞を含む文の主語位置に数量詞を置いた場合，認識的用法のときと根源的用法のときとで，作用域の解釈に差が生じると予測される．なぜならば，(16b) の主語は，(21a) のコントロール構文の主語と同様，IP 指定部，つまり，助動詞の作用域の外でしか解釈されないのに対して，(16a) の主語には，(21b) の繰り上げ構文の主語と同様，助動詞の作用域の外で解釈される可能性と，その内側で解釈される可能性があるからである．

(21) a. A girl [$_{VP}$ wants [$_{IP}$ PRO to catch John]]. (= (8b))
　　 b. A unicorn$_i$ [$_{VP}$ is likely [$_{IP}$ t_i to appear on your doorstep]]. (= (9a))

Brennan (1993) によれば，認識的用法の may と普遍数量詞の主語を含む文 (22) は，(23a, b) の 2 つの読みを持ち，多義であるのに対し，根源的用法の can と普遍数量詞の主語を含む文 (24) は，(23b) の (矛盾した) 読みしか許されない．

(22) Every radio may$_E$ get Chicago stations and no radio may get Chicago stations. (Brennan 1993, 34)
(23) a. For all I know, it could be that every one of the radios here gets Chicago stations and it could equally well be that none of them do. (may > every radio / no radio)
　　 b. All the radios are such that it's possible that they get Chicago

stations and none of them are.
（every radio / no radio > may）
(24) #Every radio can_R get Chicago stations and no radio can get Chicago stations. （every radio / no radio > may）

(23a) は may > every radio / no radio の解釈で，「すべてのラジオがシカゴの放送局の放送を受信する可能性もあるし，いかなるラジオもシカゴの放送局の放送を受信しない可能性もある」ということなので，文全体として矛盾はない．これに対して，(23b) は every radio / no radio > may の解釈で，「すべてのラジオがシカゴの放送局の放送を受信でき，かつ，いかなるラジオもシカゴの放送局の放送を受信できない，ということがあるかもしれない」と述べているので，文全体としては矛盾した陳述になっている (#は，当該の文が意味的に矛盾した陳述であることを示す)．(22) は繰り上げ構文であるので，主語は VP 指定部で解釈される可能性があり，(23a) の矛盾しない解釈 (may > every radio / no radio) が可能であるが，(24) はコントロール構文なので，主語は IP 指定部で解釈される可能性しかない．したがって，(23b) の矛盾した読み (every radio / no radio > may) しか許されないことが説明される．

以上の事実は，根源的用法の法助動詞はコントロール述部であり，認識的用法の法助動詞は繰り上げ述部であるという分析を支持する．しかし，認識的用法の法助動詞のみならず，根源的用法の法助動詞も繰り上げ述部であることを示唆する事実がある (Jenkins 1972; Huddleston 1974; 金子 2000)．

第一に，根源的用法の法助動詞を含む文に，虚辞の主語が許される．

(25)　a.　There may_R be up to five cars in the lot at one time.
　　　　　　　　　　　　　　　　　　　　　　　（Brennan 1993, 41）
　　　b.　There must_R be three lifeguards on duty.　（*ibid.*, 42）

(26a, b) の対比が示すように，虚辞は繰り上げ述部の主語としては可能だが，PRO のコントローラーとはなりえないので，(25a, b) の容認性は，根源的用法の may や must も繰り上げ述部であることを示唆する．

(26) a. There seem to be three boys in the room.
　　 b. *I persuaded there to be three boys in the room.

　第二に，根源的用法の may を含む能動文と受動文が，同義である例がある．たとえば，(27a) と (27b) は同義である．

(27) a. Visitors may$_R$ pick flowers.
　　 b. Flowers may$_R$ be picked by visitors.　(Jackendoff 1972)

　第三に，根源的用法の法助動詞が，主語より広い作用域を持つ文がある．たとえば，(28) は，根源的用法の can を用いた文であるが，不定名詞句の a Republican には，特定的解釈のみならず，非特定的解釈も可能である．

(28) A Republican can$_R$ win the election.　(McDowell 1987, 213)

Diesing (1992) によれば，不定名詞句の非特定的解釈は，それが VP 内部に再構築される場合にのみ可能であるので，(28) の多義性は，根源的用法の can が繰り上げ動詞であることを示唆する．
　(29) において，may は認識的用法の法助動詞であるので，少なくとも may > every の解釈は許されると予測されるが，実際には存在しない．

(29) #Every student may$_E$ be the tallest person in the department.
　　 a. every student x (may (x be the tallest))　(= every > may)
　　 b. may (every student be the tallest)　(= may > every)
　　　　　　　　　　　　　　　　　(von Fintel and Iatridou 2001)

　しかし，(29) に may > every の解釈がないのは，「すべての学生が最も背が高い」というのが，そもそも意味的に不自然だからである．また，every > may の解釈がないのも，学生の集合が決定された時点で，その中で最も背の高い学生はおのずと 1 人に決定されるので，それ以外の学生が最も背の高い学生となる可能性は，現実世界ではありえないからである．したがって，(29) は語用論的に奇妙な文となる (金子義明氏の示唆による)．

(25) から (29) のような事実があるので，根源的用法の法助動詞がコントロール動詞であるという強い証拠は存在しない．したがって，認識的用法の法助動詞のみならず，根源的用法の法助動詞も繰り上げ動詞であると仮定し，法助動詞が主語よりも広い作用域を持つことができない (24) のような事例に対しては，(29) と同様の語用論的説明を与える可能性がある．

8.4 まとめ

本章では，法演算子を含む文中における不定名詞句の解釈に課される制限について，Diesing (1992) の写像仮説と束縛代名詞の認可条件 (11) に基づく説明を与えた．また，法助動詞について，認識的用法の場合は繰り上げ述部，根源的用法の場合はコントロール述部であるという Ross (1969) の主張の論拠と，その問題点を指摘した．（法演算子について，さらに詳しくは，Jackendoff (1972)，DeCarrico (1980)，中村 (1983b) などを参照．また，助動詞については，金子 (2000)，および本シリーズ第 8 巻『機能範疇』も参照．）

第9章 副詞の作用域

　副詞は，文修飾の副詞，様態の副詞，程度の副詞等々に分類できるが，ここでは，文修飾の副詞，VP 修飾の副詞，量化の副詞を中心に扱う．

9.1 文副詞と VP 副詞

　副詞は，それが生じる構造上の位置に基づいて，文副詞と VP 副詞に分けられる．まず，(1a, b) の2つの文では，副詞 rudely の位置が異なっているだけであるが，その解釈は大きく異なる．

(1)　a.　Rudely, Donald left the meeting.
　　　b.　Donald left the meeting rudely.　　　(Ernst 1984, 23)

(1a) は，ドナルドが会議を途中で抜けるという行為自体が rude であった，と述べているのであり，ドナルドが会議を途中で抜けるさいにとった行動(たとえば，席の立ち方やドアの閉め方)を問題にしているわけではない．これに対して，(1b) は，ドナルドが会議を途中で抜けるさいにとった行動のやり方が rude であった，と述べている．
　前者の rudely が文副詞，後者の rudely が VP 副詞である．

9.1.1 副詞の位置に基づく下位分類

　副詞の中には，文頭に生じても，文末に生じても，文中に生じても，意味の変化を生じないものがある．しかし，これはむしろ特殊な事例であり，通例は，それが生じる位置に応じて，その解釈が変わる．(1a, b) の rudely も，そのような副詞の一例である．本節では，副詞を，それが生起

可能な統語上の位置と解釈の相違に基づいて，6つのタイプに分類する (Jackendoff 1972).

（2） Type 1：文頭，文中，文末のいずれの位置にも生じることができるが，文頭に生じると文副詞，文末に生じると VP 副詞の解釈を受け，文中に生じるといずれの解釈も受けることができる副詞：cleverly, carefully, happily, truthfully, specifically など.
 a. Cleverly(,) John dropped his cup of coffee.
 b. John cleverly dropped his cup of coffee.
 c. John dropped his cup of coffee cleverly.
           （Jackendoff 1972, 49）

（3） Type 2：文頭，文中，文末のいずれの位置に生じても，解釈に相違の見られない副詞：quickly, reluctantly, sadly, quietly, immediately, often, soon など.

（4） Type 3：文頭と文中に生じることができる副詞（文副詞）：evidently, probably, certainly, apparently, unfortunately など.
 a. Evidently Haratio has lost his mind.
 b. Haratio has evidently lost his mind.
 c. *Haratio has lost his mind evidently. （*ibid.*, 50）

（5） Type 4：文中と文末に生じることができる副詞（VP 副詞）：completely, easily, totally, altogether など.
 a. *Completely Stanley ate his Wheaties.
 b. Stanley completely ate his Wheaties.
 c. Stanley ate his Wheaties completely. （*ibid.*）

（6） Type 5：文末のみに生じることができる副詞（VP 副詞）：hard, well, more, before, fast, home, terribly, indoors など.
 a. *Hard John hit Bill.
 b. *John hard hit Bill.
 c. John hit Bill hard. （*ibid.*, 51）

（7） Type 6：文中のみに生じることができる副詞（VP 副詞）：merely, truly, simply, utterly, virtually, hardly など.
 a. *Merely Albert is being a fool.

b. Albert is merely being a fool.
c. *Albert is being a fool merely. (*ibid.*)

以上の 6 タイプの副詞の統語的性質は，以下の表にまとめられる．

(8)　　　　　　　文頭　　　　　　文中　　　　　　文末
　　Type 1　　OK (文副詞)　　OK (多義的)　　OK (VP 副詞)
　　Type 2　　OK　　　　　　OK　　　　　　OK
　　Type 3　　OK (文副詞)　　OK (文副詞)　　*
　　Type 4　　*　　　　　　 OK (VP 副詞)　　OK (VP 副詞)
　　Type 5　　*　　　　　　 *　　　　　　　OK (VP 副詞)
　　Type 6　　*　　　　　　 OK (VP 副詞)　　*

(8) に見るように，文頭に生じる副詞は文副詞，文末に生じる副詞は VP 副詞という点で一貫しているが，文中に生じる副詞に関しては，文副詞にも VP 副詞にも解釈できるものがある．この事実は，文副詞と VP 副詞の統語的位置を以下のように設定すれば，説明することができる．

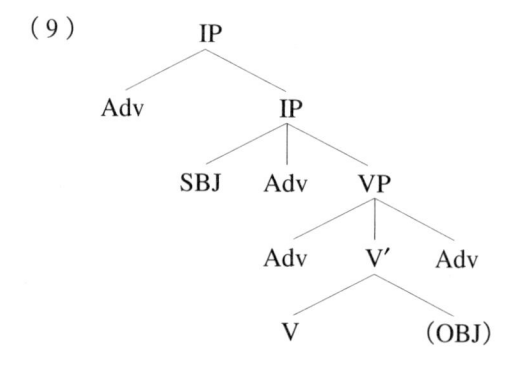

(9)
```
            IP
          /    \
        Adv    IP
              / | \
           SBJ Adv VP
                  / | \
                Adv V' Adv
                   / \
                  V  (OBJ)
```

ここで，主語 (SBJ) と動詞 (V) の間にある副詞 (Adv) に関しては，それが IP に直接支配されている可能性と，VP に直接支配されている可能性とがある．したがって，この位置の副詞は，IP に支配されていれば文副詞として解釈され，VP に支配されていれば VP 副詞として解釈される．文中に生じるにもかかわらず，Type 3 は VP 副詞とは解釈されず，Type

4 と Type 6 は文副詞とは解釈できない．これは，その副詞とそれが修飾する要素との意味的整合性のために，前者のタイプの副詞は，IP に直接支配され，後者のタイプの副詞は，VP に直接支配されるためであると考えられる．

9.1.2　文副詞の作用域関係

これまで，文副詞は VP 副詞と対立するものとして，あたかも1種類しかないかのように述べてきたが，実は文副詞には，少なくとも2つの意味的に異なるタイプが存在する．話者志向の副詞 (speaker-oriented adverb) と，主語志向の副詞 (subject-oriented adverb) である．(10a, b) を比較してみよう．

(10)　a.　Truthfully, John lied to Bill.
　　　b.　Carefully, John spilled the beans.

(10a) における truthfully は，当該の文で表現される出来事に対する，話者の態度 (speaker's attitude) を表すという意味で，話者志向の副詞である．一方，(10b) における carefully は，主語についての付加的な情報を表現するという意味で，主語志向の副詞である．この区別は，副詞の意味解釈上の問題であり，前節で述べた，副詞の統語的性質の問題とは切り離して考えなければならない．なぜならば，同じ Type 1 に属する副詞であっても，cleverly と carefully は主語志向の副詞であるのに対して，happily は話者志向の副詞であるというように，統語的には同じ性質を持つ副詞が，意味的には異なったタイプに属するからである．

これら2つのタイプの文副詞に関しては，解釈の相違のほかに，それぞれのタイプの副詞が単文中に共起できるかという，共起制限の問題と，これら2つのタイプの文副詞がどういう語順のもとで共起できるかという，語順制限の問題がある．

まず，共起制限の問題から見ることにしよう．一見，話者志向の副詞は単文中に複数生じることができるのに対して，主語志向の副詞は単文中に2つ以上生じることができないという，非対称性があるように見える．

(11) a. Max *happily* has *often* been trying to climb the walls.
　　 b. *Happily*, Max has *evidently* been trying to decide whether to climb the walls. 　　(Jackendoff 1972, 89)
(12) a. *Carefully Max *quickly* was climbing the walls of the garden.
　　 b. *Max *cleverly* has *stealthily* been trying to decide whether to climb the walls. 　　(*ibid.*, 90)

　(11)において，斜体で示した2つの副詞は，いずれも話者志向の副詞であり，これらは共起可能である．一方，(12)において斜体で示した2つの副詞は，いずれも主語志向の副詞であり，これらは，いかなる順序でも共起不可能である．これらの副詞は，単独で生じた場合には文頭にも文中にも生じることができるので，(12a, b)の非容認性は，統語的理由によるものではない．むしろ，複数の主語志向の副詞が単文中に共起できないのは，複数の主語志向の副詞が単一の主語を同時に修飾できないという，意味的理由によるものであると思われる．これに対して，(11a, b)の話者志向の副詞に共起制限が働かないのは，複数の話者志向の副詞が単文中に共起した場合でも，それらは同じ要素を修飾するわけではないからである．話者指向の副詞は，少なくとも2つの下位タイプに分けられる．evidently, apparently, probably などの法副詞 (modal adverbs) は，当該の主語・述語関係で表される出来事が起こる(起こった)ことが，話者から見てどの程度確からしいかを述べているのに対して，happily, fortunately, regrettably などの評価副詞 (evaluative adverbs) は，その出来事が起こったという前提のもとで，その命題に対する話者の評価を述べている (Schreiber 1971)．したがって，両者が共起している (11a, b) は，ある一定の確からしさを持つ命題についての，話者の評価を述べていることになるので，法副詞と評価副詞はそれぞれ別の要素を修飾しており，それぞれの副詞の作用域が異なるために両者が共起できるのである．

　(11)と(12)の文法性の差異がこのような理由によるとすると，話者志向の副詞の中でも法副詞に属する複数の副詞は，同一文中に共起できないと予測される．

(13) a. *%*Evidently* John *probably* left.
   b. *Usually John *frequently* leaves Mary at home.

たとえば，(13a) が非文であるのは，John left. という命題によって表される出来事が起こりうる確からしさが，1人の話者の判断として，同時に evident であり，かつ，probable であるということはありえないためである．

次に，複数の文副詞が共起した場合の，語順制限の問題について考えよう．まず，(14) のように，評価副詞と法副詞が共起した場合，前者が後者に先行する (14a) は容認可能であるが，前者が後者に後続する (14b) は非文である．両者がともに動詞の前に生じる場合，語順的に先行する要素が後続する要素を構成素統御するので，(14a, b) の事実は，評価副詞は法副詞よりも，必ず広い作用域を持たなければならないことを示している．

(14) a. *Happily*, Max has *evidently* been trying to decide whether to climb the walls. 　(= (11b))
   b. *Evidently, Max has *happily* been trying to decide whether to climb the walls.

(Jackendoff 1972, 89; cf. Cinque 1999, 12)

これは，ある出来事が起こったことの確からしさに対する，話者の評価を述べることはできるが，ある出来事に対する話者の評価がどの程度確からしいかを話者自身が述べるのは，不自然であるという意味的な理由による．

話者志向の副詞と主語志向の副詞が同一単文中に共起した場合，話者志向の副詞が主語志向の副詞に先行する．

(15) a. *Probably* Max *cleverly* was climbing the walls of the garden.
   b. *Often* Max has *carefully* been trying to decide whether to climb the walls.
(16) a. *Carefully Max *probably* was climbing the walls of the garden.

b. *_Carefully_ John avoids works, _evidently_.

(Jackendoff 1972, 93)

この事実も，主語志向の副詞が主語のみを修飾するのに対して，話者志向の副詞は主語を含む文全体を修飾するという，意味的な相違に基づいて説明することができる．話者志向の副詞は，主語志向の副詞より広い領域を修飾するので，両者が共起した場合には，話者志向の副詞が主語志向の副詞をその作用域の中に含まなければならない．

話者志向の副詞と否定要素が同一文中に共起した場合，前者が後者に先行しなければならない (Bellert 1977, 346–347; Greenbaum 1969, 136)．

(17) a. John probably never / rarely ran so fast.
 b. *Never / Rarely did John probably ran so fast.
(18) a. John fortunately never / rarely ran so fast.
 b. *Never / Rarely did John fortunately ran so fast.

never, rarely などの否定要素が文頭にあるとき，それは，ある出来事が起こる(起こった)ことが，話者から見てありえない，または可能性がきわめて低いことを述べているという意味で，法副詞の一例であるとすると，(17b) は，(13a, b) と同じく，複数の法副詞が同一文中に共起できないために非文であると説明できる ((17a) では，never, rarely は，話者の判断を表すのではなく，動詞句の一部である)．また，(18b) は，(14b) と同じく，評価副詞は法副詞に先行しなければならないために非文であると説明できる．

9.1.3 複数の VP 副詞の間の作用域関係

話者志向の副詞と主語志向の副詞が共起したときの語順制限の問題を，両者の作用域関係の問題だと述べたが，同じような作用域関係の問題が，意味タイプが異なる複数の VP 副詞が共起したときにも生じる．

Pesetsky (1989) によれば，(19c, d) のように 2 つの副詞がともに動詞の右側に生じている場合，後ろの副詞が前の副詞よりも広い作用域を持つのに対して，(19a, b) のように 2 つの副詞がともに動詞の左側に生じて

いる場合，前の副詞が後ろの副詞よりも広い作用域を持つ．つまり，(19a, c) は「意図的にドアをノックするという出来事が2回あった」と解釈されるのに対して，(19b, d) は「ドアを2回ノックするという行為が意図的に1回だけ行われた」と解釈される．

(19) a. (?) John twice intentionally knocked on the door.
(twice > intentionally)
b. (??) John intentionally twice knocked on the door.
(intentionally > twice)
c. John knocked on the door intentionally twice.
(twice > intentionally)
d. John knocked on the door twice intentionally.
(intentionally > twice)

ここで，動詞の前に現れるVP副詞は，VPに左側から付加しており，動詞の後ろに現われるVP副詞は，VPに右側から付加していると仮定しよう．すると，(19a) と (19d) の構造は，それぞれ，(20a, b) となる．

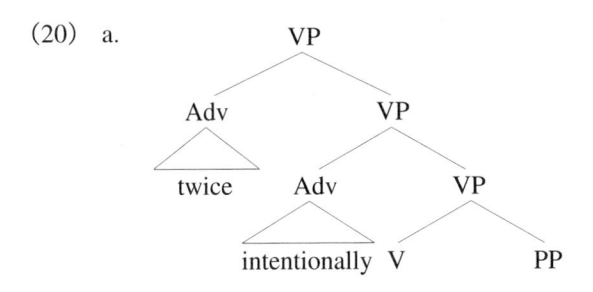

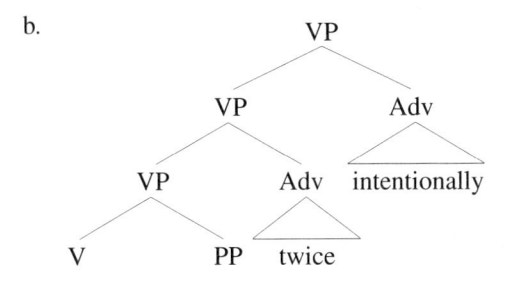

(20) a.
```
           VP
          /  \
        Adv   VP
        /    /  \
     twice Adv   VP
          /     /  \
    intentionally V  PP
```

b.
```
              VP
             /  \
            VP   Adv
           /  \    \
         VP   Adv  intentionally
        /  \    \
       V   PP  twice
```

(20a) では，前の副詞が後ろの副詞を構成素統御するので，前の副詞が後ろの副詞よりも広い作用域を持つ．一方，(20b) では，後ろの副詞が前の副詞を構成素統御するので，後ろの副詞が前の副詞よりも広い作用域を持つ．したがって，(19a) では twice > intentionally の解釈のみが許されるのに対して，(19d) では intentionally > twice の解釈のみが許されることが説明される．(19b) と (19c) の対比も同様に説明される (Pesetsky 1989)．

ここまでの議論で重要なのは，「2つの副詞が共起した場合，S構造で構造的に上位の副詞が下位の副詞より広い作用域を持つ」という一般化である．

9.2　量化の副詞

副詞の中には，以下のような「量化の副詞」と呼ぶべき副詞がある (Lewis 1975)．

(21) a. always, invariably, universally, without exception
b. sometimes, occasionally
c. never
d. usually, mostly, generally, almost always, without few exceptions
e. often, frequently, commonly
f. seldom, infrequently, rarely, almost never

これらの副詞は，一見すると，当該の文が表す「出来事の起こる頻度」を量化しているように見えるが，この解釈のもとでは，(22) において，always と文末に生じている now and then との間で，解釈上の矛盾が生じることになってしまう．また，(23) のように「出来事」を表さない文にも量化の副詞 never が生起可能であることから，量化の副詞は「出来事の起こる頻度」を量化しているのではないように思われる．

(22)　A man who owns a donkey always beats it now and then.
(Lewis 1975, 4)

(23) a. A quadratic equation never has more than two solutions.
　　　b. A quadratic equation usually has two different solutions.

このような理由から，Lewis（1975）は，量化の副詞は，「出来事（events）の起こる頻度」を量化するのではなく，「場合」（cases）を量化すると主張している．すなわち，「あることが，いつも（always），ときどき（sometimes），しばしば（often）起こるとか，決して（never），めったに（seldom）起こらない」というのは，「あることが，すべての場合に（in all cases），いくつかの場合に（in some cases），ほとんどの場合に（in most cases）起こるとか，いかなる場合にも（in no case），ほとんどの場合に（few cases）起こらない」というのと同義であると考えるのである．

次に，これらの量化の副詞と不定名詞句の関係を考えてみよう．たとえば，(22)における a man も a donkey も，普遍数量詞 always に依存した解釈を受けるが，これは，(24)において，a donkey が every man に依存した解釈を受けるのと平行的である．

(24)　Every man who owns a donkey beats it now and then.

(24)では，[every man who owns a donkey] が LF で QR を受け，a donkey は every man を介して，束縛代名詞 it を間接的に束縛することを見た（⇒ 7.2.3）．そこで，量化の副詞も，LF において QR の適用を受けると仮定しよう（Heim 1982）．すると (22) からは，(25a) の LF 構造と (25b) の論理構造が得られる．

(25) a. [$_{IP}$ always$_i$ [$_{IP}$ a man who owns a donkey t_i beats it now and then]]
　　　b. always x, y (x is a man & y is a donkey & x owns y) [x beats y now and then]

(25b)では，不定名詞句と束縛代名詞はすべて変項に書き換えられており，量化の副詞 always が，すべての変項 x, y を束縛している．このように，1つの数量詞が，その作用域の内部にあるすべての変項を非選択的に束縛（unselectively bind）するのは，sometimes, often, never, seldom など，

ほかの量化の副詞にも見られる性質である．このような機能を果たす数量詞を総称して，「非選択的数量詞」(unselective quantifier)と呼ぶ．

(22)には明示的な量化の副詞 always が存在するが，量化の副詞が，常に明示的な形で存在するとはかぎらない．たとえば，(26)に量化の副詞 always は存在しないが，(26)は(22)とほぼ同じ解釈を持つ．

(26)　If a man owns a donkey, he beats it.　　　(Heim 1982, 130)

そこで Heim (1982) は，(26)のような文にも，目に見えない量化の副詞（ALWAYS，あるいは必然性演算子（necessity operator））が存在すると主張している．この主張に基づくと，ALWAYS に QR が適用されて，(27)の LF 構造が得られる．

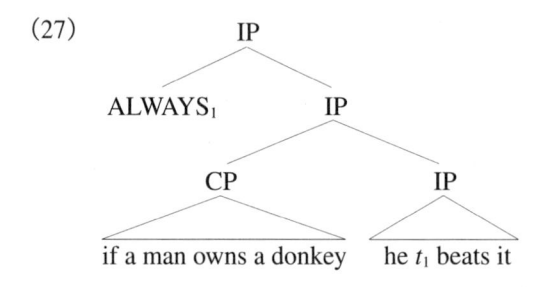

(27)
```
              IP
          ／       ＼
    ALWAYS₁        IP
              ／       ＼
            CP          IP
          ／  ＼      ／   ＼
  if a man owns a donkey   he t₁ beats it
```

この構造で，ALWAYS は，不定詞名句 a man, a donkey, 束縛代名詞 he, it を非選択的に束縛するので，(25b)と同様の論理構造が得られる．したがって，(22)と(26)はほぼ同義であることが説明される．

本節では，量化の副詞は「場合」を量化する量化子であり，QR の適用を受けることによって，その文中に含まれるすべての不定名詞句と束縛代名詞を，変項として非選択的に束縛するという，Lewis (1975) と Heim (1982) の提案について見た．

9.3　ま　と　め

本章では，まず，文副詞と VP 副詞に関して，(1)意味的に下位タイプが同じである副詞は，単文中に共起できないという事実，(2)意味的に下

位タイプの異なる複数の副詞に関しては，必ずどちらか一方が他方より広い作用域を持つという事実，(3) この作用域は S 構造での階層関係に基づいて決定されるという事実，を指摘した．また，量化の副詞に関して，それが LF で文全体を作用域にとる位置へ QR を受けるという，Heim (1982) の主張を紹介した．(文副詞と VP 副詞について，さらに詳しくは，Schreiber (1971), Jackendoff (1972), Bellert (1977), Ernst (1984), Cinque (1999) などを参照．また，量化の副詞と束縛代名詞については，Chierchia (1995) を参照．)

参　考　文　献

第 I 部　極　性

Baker, Carl L. (1970) "Double Negatives," *Linguistic Inquiry* 1, 169–186.

Barwise, Jon and Robin Cooper (1981) "Generalized Quantifiers and Natural Language," *Linguistics and Philosophy* 4, 159–219.

Borkin, Ann (1971) "Polarity Items in Questions," *CLS* 7, 53–61.

Chomsky, Noam (1981) *Lectures on Government and Binding*, Foris, Dordrecht.

Cole, Peter, ed. (1978) *Syntax and Semantics* 9, Academic Press, New York.

Culicover, Peter (1991) "Topicalization, Inversion and Complementizers in English," *OTS Working Papers: A Study in the Dimensions in English*, ed. by Denis Delfitto et al., 1–45, University of Utrecht, Utrecht.

Cushing, Steve (1982) *Quantifier Meanings: A Study in the Dimensions of Semantic Competence*, North-Holland, Amsterdam.

Davidson, Donald and Gilbert Herman, eds. (1972) *Semantics of Natural Language*, D. Reidel Publishing, Dordrecht.

Dayal, Veneeta (1998) "*Any* as Inherently Modal," *Linguistics and Philosophy* 21, 433–476.

Delfitto, Denis et al., eds. (1991) *OTS Working Papers: Growing Romance and Beyond*, University of Utrecht, Utrecht.

Fauconnier, Gilles (1975a) "Polarity and the Scale Principle," *CLS* 11, 188–199.

Fauconnier, Gilles (1975b) "Pragmatic Scale and Logical Structure," *Linguistic Inquiry* 6, 353–375.

von Fintel, Kai (1997) "Bare Plurals, Bare Conditionals, and *only*," *Journal of Semantics* 14, 1–56.

von Fintel, Kai (1999) "NPI Licensing, Strawson Entailment, and Contextual Dependency," *Journal of Semantics* 16, 97–148.

Fodor, Jerry A. and Jerrold J. Katz, eds. (1964) *The Structure of Language*, Prentice-Hall, Englewood Cliffs, NJ.

Forget, Danielle et al., eds. (1995) *Negation and Polarity*, John Benjamins, Amsterdam / Philadelphia.

Giannakidou, Anastasia (1998) *Polarity Sensitivity as (Non)veridical Dependency*, John Benjamins, Amsterdam / Philadelphia.

Haegeman, Liliane (2000) "Negative Preposing, Negative Inversion, and the Split CP," *Negation and Polarity: Syntactic and Semantic Perspectives*, ed. by Laurence Horn and Yasuhiko Kato, 21–61, Oxford University Press, Oxford.

Hamm, Fritz and Erhard Hinrichs, eds. (1998) *Plural Quantification*, Kluwer, Dordrecht.

Heim, Irene (1984) "A Note on Negative Polarity and Downward Entailingness," *NELS* 14, 98–107.

Hoeksema, Jack (1983) "Negative Polarity and the Comparative," *Natural Language and Linguistic Theory* 1, 403–434.

Hoeksema, Jack (1986) "Monotonicity Phenomena in Natural Language," *Linguistic Analysis* 16, 25–40.

Hoeksema, Jack and Henny Klein (1995) "Negative Predicates and Their Arguments," *Linguistic Analysis* 25, 146–180.

Horn, Laurence (1970) "Ain't it hard (anymore)," *CLS* 6, 318–327.

Horn, Laurence (1972) *On the Semantic Properties of Logical Operators in English*, Doctoral dissertation, University of California, Los Angeles.

Horn, Laurence (1978) "Remarks on Neg-Raising," *Syntax and Semantics* 9, ed. by Peter Cole, 129–220, Academic Press, New York.

Horn, Laurence (1989) *A Natural History of Negation*, University of Chicago Press, Chicago.

Horn, Laurence (1995) "Negative Polarity and the Dynamics of Vertical Inference," *Negation and Polarity*, ed. by Danielle Forget et al., 157–182, John Benjamins, Amsterdam / Philadelphia.

Horn, Laurence (1996) "Exclusive Company: *Only* and the Dynamics of Vertical Inference," *Journal of Semantics* 13, 1–40.

Horn, Laurence and Yasuhiko Kato, eds. (2000) *Negation and Polarity: Syntactic and Semantic Perspectives*, Oxford University Press, New York.

Horn, Laurence and Young-Suk Lee (1995) "Progovac on Polarity," *Journal of Linguistics* 31, 401–424. .

Jackendoff, Ray (1972) *Semantic Interpretation in Generative Grammar*, MIT Press, Cambridge, MA.

Jackson, Eric (1995) "Weak and Strong Negative Polarity Items: Licensing and Intervention," *Linguistic Analysis* 25, 181–208.

Kadmon, Nirit and Fred Landman (1993) "Any," *Linguistics and Philosophy* 16, 353–422.

Kay, Paul (1990) "Even," *Linguistics and Philosophy* 13, 59–111.

Klima, Edward S. (1964) "Negation in English," *The Structure of Language*, ed. by Jerry A. Fodor and Jerrold J. Katz, 246–323, Prentice-Hall, Englewood Cliffs, NJ.

König, Ekkehard (1991) *The Meaning of Focus Particles: A Comparative Perspective*, Routledge, London / New York.

Krifka, Manfred (1995) "The Semantics and Pragmatics of Polarity Items," *Linguistic Analysis* 25, 209–257.

Kuno, Susumu (1995) "Negative Polarity Items in Japanese and English," *Harvard Working Papers in Linguistics* 5, 165–197, Harvard University.

Ladusaw, William A. (1980a) *Polarity Sensitivity as Inherent Scope Relations*, Garland Publishing, New York / London.

Ladusaw, William A. (1980b) "Affective OR, Factive Verbs, and Negative-Polarity Items," *CLS* 16, 170–184.

Ladusaw, William A. (1980c) "On the Notion Affective in the Analysis of

Negative-Polarity Items," *Journal of Linguistic Research* 1, 1–16.
Ladusaw, William A. (1983) "Logical Form and Conditions on Grammaticality," *Linguistics and Philosophy* 6, 373–392.
Lakoff, George (1972) "Linguistics and Natural Logic," *Semantics of Natural Language*, ed. by Donald Davidson and Gilbert Herman, 545–665, D. Reidel Publishing, Dordrecht.
Lakoff, Robin (1969) "Some Reasons Why There Can't Be Any *some-any* Rule," *Language* 45, 608–615.
Lasnik, Howard (1972) *Analyses of Negation in English*, Doctoral dissertation, MIT.
LeGrand, Jean E. (1974) "AND and OR; some SOMEs and all ANYs," *CLS* 10, 390–401.
Linebarger, Marcia C. (1980) *The Grammar of Negative Polarity*, Doctoral dissertation, MIT.
Linebarger, Marcia C. (1987) "Negative Polarity and Grammatical Representation," *Linguistics and Philosophy* 10, 325–386.
Linebarger, Marcia C. (1991) "Negative Polarity as Linguistic Evidence," *CLS* 27: Part 2, 165–188.
Okuno, Tadanori (1997) "The Syntax and Semantics of Communication Verbs," *Exploration in English Linguistics* 12, 165–185, Tohoku University.
Progovac, Ljiljana (1988) *A Binding Approach to Polarity Sensitivity*, Doctoral dissertation, University of Southern California, Los Angeles.
Progovac, Ljiljana (1994) *Negative and Positive Polarity: A Binding Approach*, Cambridge University Press, Cambridge.
Rexach, Javier Gutierrez (1997) "The Semantic Basis of NPI Licensing in Questions," *MIT Working Papers in Linguistics* 31, 359–376.
Stowell, Tim (1981) *Origins of Phrase Structure*, Doctoral dissertation, MIT.
de Swart, Henriëtte (1998) "Licensing of Negative Polarity Items under Inverse Scope," *Lingua* 105, 175–200.

Tovena, Lucia M. (1998) *The Fine Structure of Polarity Sensitivity*, Garland Publishing, New York / London.

Uribe-Echevarria, Maria (1994) *Interface Licensing Conditions on Negative Polarity Items: A Theory of Polarity and Tense Interactions*, Doctoral dissertation, University of Connecticut.

Vendler, Zeno (1967) *Linguistics in Philosophy*, Cornell University Press, Ithaca, NY.

van der Wouden, Ton (1997) *Negative Contexts: Collocation, Polarity and Multiple Negation*, Routledge, London / New York.

吉村あき子 (1999)『否定極性現象』英宝社，東京．

Zwarts, Frans (1995) "Nonveridical Contexts," *Linguistic Analysis* 25, 286–312.

Zwarts, Frans (1998) "Three Types of Polarity," *Plural Quantification*, ed. by Fritz Hamm and Erhard Hinrichs, 177–238, Kluwer, Dordrecht.

第II部　作用域

Andrews, Avery (1983) "A Note on the Constituent Structure of Adverbials and Auxiliaries," *Linguistic Inquiry* 13, 313–317.

Aoun, Joseph and Norbert Hornstein (1985) "Quantifier Types," *Linguistic Inquiry* 16, 623–637.

Aoun, Joseph and Norbert Hornstein (1991) "Bound and Referential Pronouns," *Logical Structure and Linguistic Structure*, ed. by C.-T. James Huang and Robert May, 1–23, Kluwer Academic Publishers, Dordrecht.

Aoun, Joseph and Yen-hui Audrey Li (1993) *Syntax of Scope*, MIT Press, Cambridge, MA.

Aoyagi, Hiroshi and Toru Ishii (1994) "On NPI Licensing in Japanese," *Japanese / Korean Linguistics* 4, 295–311.

Baker, Carl L. (1970) "Notes on the Description of English Questions: The Role of an Abstract Question Morpheme," *Foundations of Lan-

guage 6, 197–219.

Baltin, Mark (1987) "Do Antecedent-Contained Deletions Exist?," *Linguistic Inquiry* 18, 579–695.

Beghelli, Filippo (1995) *The Phrase Structure of Quantifier Scope*, UCLA Dissertations in Linguistics 16.

Bellert, Irena (1977) "On Semantic and Distributional Properties of Sentential Adverbs," *Linguistic Inquiry* 8, 337–351.

Brennan, Virginia (1993) *Root and Epistemic Modal Auxiliary Verbs*, Doctoral dissertation, University of Massachusetts. [Reproduced by GLSA, University of Massachusetts, Amherst]

Brody, Michael (1995) *Lexico-Logical Form: A Radically Minimalist Theory*, MIT Press, Cambridge, MA.

Chierchia, Gennaro (1991) "Functional *wh* and Weak Crossover," *WCCFL* 10, 75–90.

Chierchia, Gennaro (1995) *Dynamics of Meaning: Anaphora, Presupposition, and the Theory of Grammar*, University of Chicago Press, Chicago / London.

Chomsky, Noam (1976) "Conditions on Rules of Grammar," *Linguistic Analysis* 2, 303–351.

Chomsky, Noam (1981) *Lectures on Government and Binding*, Foris, Dordrecht.

Chomsky, Noam (1993) "A Minimalist Program for Linguistic Theory," *The View from Building 20*, ed. by Kenneth Hale and Samuel Jay Keyser, 1–52, MIT Press, Cambridge, MA.

Chomsky, Noam (1995) *The Minimalist Program*, MIT Press, Cambridge, MA.

Chomsky, Noam (1999) *MIT Occasional Papers in Linguistics* 18: *Derivation by Phase*, MIT Working Papers in Linguistics, Cambridge, MA.

Chomsky, Noam (2001) "Beyond Explanatory Adequacy," ms., MIT.

Cinque, Guglielmo (1999) *Adverbs and Functional Heads*, Oxford University Press, New York.

Comorovsky, Ileana (1989) *Discourse and the Syntax of Multiple Constituent Question*, Doctoral dissertation, Cornell University.

DeCarrico, Jeanette Speer (1980) "A Counterproposal for Opaque Contexts," *Linguistic Analysis* 6, 1–20.

Diesing, Molly (1992) *Indefinites*, MIT Press, Cambridge, MA.

Doetjes, Jenny (1992) "Rightward Floating Quantifiers Float to the Left," *The Linguistic Review* 9, 313–332.

Engdahl, Elisabet (1985) *Constituent Questions*, Reidel, Dordrecht.

Ernst, Thomas (1984) *Towards an Integrated Theory of Adverb Position in English*, Indiana University Linguistic Club, Bloomington, Indiana.

Fiengo, Robert (1977) "On Trace Theory," *Linguistic Inquiry* 8, 35–61.

Fiengo, Robert, C.-T. James Huang, Howard Lasnik, and Tanya Reinhart (1988) "The Syntax of Wh-in-situ," *WCCFL* 7, 81–98.

von Fintel, Kai and Sabine Iatridou (2001) "On the Interaction of Modals, Quantifiers, and *If*-clauses," ms., MIT.

Fodor, Janet Dean and Ivan Sag (1982) "Referential and Quantificational Indefinites," *Linguistics and Philosophy* 5, 355–398.

Fox, Danny (2000) *Economy and Semantic Interpretation*, MIT Press, Cambridge, MA.

Fukui, Naoki (1986) *A Theory of Category Projection and Its Applications*, Doctoral dissertation, MIT.

Geach, Peter Thomas (1962) *Reference and Generality*, Cornell University Press, Ithaca.

Greenbaum, Sidney (1969) *Studies in English Adverbial Usage*, Longman, London.

Haïk, Isabelle (1984) "Indirect Binding," *Linguistic Inquiry* 15, 185–223.

Hasegawa, Nobuko (1993) "Floating Quantifiers and Bare NP Expressions," *Japanese Syntax in Comparative Grammar*, ed. by Taro Kageyama, 115–146, Kurosio Publishers, Tokyo.

Heim, Irene (1982) *The Semantics of Definite and Indefinite Noun Phrases*, Doctoral dissertation, University of Massachusetts, Amherst.

[Reproduced by Garland, 1988]

Higginbotham, James and Robert May (1981) "Questions, Quantifiers and Crossing," *The Linguistic Review* 1, 41–79.

Hirschbühler, Paul (1982) "VP-deletion and Across-the-board Quantifier Scope," *NELS* 12, 132–139.

Hornstein, Norbert (1984) *Logic as Grammar*, MIT Press, Cambridge, MA.

Hornstein, Norbert (1995) *Logical Form: From GB to Minimalism*, Blackwell, Oxford.

Huang, C.-T. James (1982) *Logical Relations in Chinese and the Theory of Grammar*, Doctoral dissertation, MIT. [Reproduced by Garland, 1999]

Huddleston, Rodney (1974) "Further Remarks on the Analysis of Auxiliaries as Main Verbs," *Foundations of Language* 11, 215–229.

Ioup, Georgette (1975) *The Treatment of Quantifier Scope in a Transformational Grammar*, Doctoral dissertation, City University of New York.

Jackendoff, Ray (1972) *Semantic Interpretation in Generative Grammar*, MIT Press, Cambridge, MA.

Jenkins, Lyle (1972) *Modality in English Syntax*, Doctoral dissertation, MIT. [Reproduced by the Indiana University Linguistic Club]

Johnson, Kyle (1991) "Object Positions," *Natural Language and Linguistic Theory* 9, 577–636.

Johnson, Kyle (1999) "How Far Will Quantifiers Go?," *Step by Step: Essays on Minimalist Syntax in Honor of Howard Lasnik*, ed. by Roger Martin, David Michaels and Juan Uriagereka, 187–210, MIT Press, Cambridge, MA.

金子義明(2000)「英語助動詞システムの研究――英語助動詞システムをめぐるインターフェイスの諸相」平成9年度・10年度・11年度科学研究費補助金(基盤研究(C)(2))研究成果報告書.

金子義明・遠藤喜雄(2001)『機能範疇』(英語学モノグラフシリーズ10)研究社,東京.

Katz, Jerry and Paul Postal (1964) *An Integrated Theory of Linguistic Descriptions*, MIT Press, Cambridge, MA.

Kayne, Richard (1998) "Overt vs. Covert Movement," ms., New York University. [Reproduced as Kayne (2000: chapter 13)]

Kayne, Richard (2000) *Parameters and Universals*, Oxford University Press, New York.

Kennedy, Christopher (1997) "Antecedent-contained Deletion and the Syntax of Quantification," *Linguistic Inquiry* 28, 662–688.

Koizumi, Masatoshi (1995) *Phrase Structure in Minimalist Syntax*, Doctoral disertation, MIT. [A revised version published by Hituzi Syobo, Tokyo, 1999]

Koopman, Hilda and Dominique Sportiche (1982) "Variables and the Bijection Principle," *The Linguistic Review* 2, 139–160.

Koopman, Hilda and Dominique Sportiche (1991) "The Position of Subjects," *Lingua* 85, 211–258.

Kratzer, Angelika (1989) "Stage-Level and Individual-Level Predicates," ms., University of Massachusetts.

Kroch, Anthony (1974) *The Semantics of Scope in English*, Doctoral dissertation, MIT. [Reproduced by Garland, 1979]

Kuno, Susumu and Jane Robinson (1972) "Multiple Wh Questions," *Linguistic Inquiry* 3, 463–487.

Kuroda, S.-Y. (1965) *Generative Grammatical Studies in the Japanese Language*, Doctoral dissertation, MIT. [Reproduced by Garland, 1979]

Kuroda, S.-Y. (1970) "Remarks on the Notion of Subject with Reference to Words like *Also*, *Even*, or *Only*," Part II, *Annual Bulletin* 4, Logopedics and Phoniarics Research Institute, Tokyo University.

Kuroda, S.-Y. (1988) "Whether We Agree or Not: A Comparative Syntax of English and Japanese," *Papers from the Second International Workshop on Japanese Syntax*, Center for the Study of Language and Information, Leland Stanford Junior University, Stanford.

梠原和生・松山哲也 (2001)『補文構造』(英語学モノグラフシリーズ 4) 研究社, 東京.

Lakoff, George (1970) "Repartee, or a Reply to Negation, Conjunction and Quantifiers," *Foundations of Language* 6, 389–422.
Larson, Richard (1988) "On the Double Object Construction," *Linguistic Inquiry* 19, 335–391.
Larson, Richard and Robert May (1990) "Antecedent Containment or Vacuous Movement: Reply to Baltin," *Linguistic Inquiry* 21, 103–122.
Lasnik, Howard (1972) *Analyses of Negation in English*, Doctoral dissertation, MIT.
Lasnik, Howard and Tim Stowell (1991) "Weakest Crossover," *Linguistic Inquiry* 22, 687–720.
Lewis, David (1975) "Adverbs of Quantification," *Formal Semantics of Natural Language*, ed. by Edward Keenan, 3–15, Cambridge University Press, Cambridge.
Liu, Feng-hsi (1990) *Scope Dependency in English and Chinese*, Doctoral dissertation, University of California, Los Angeles.
Maling, Joan (1976) "Notes on Quantifier Postposing," *Linguistic Inquiry* 7, 708–718.
Matsuyama, Tetsuya (1999) "Transparency in Bare Infinitive Complements in English," *English Linguistics* 16, 405–435.
May, Robert (1977) *The Grammar of Quantification*, Doctoral dissertation, MIT. [Reproduced by Garland, 1991]
May, Robert (1985) *Logical Form*, MIT Press, Cambridge, MA.
McDowell, Joyce (1987) *Assertion and Modality*, Doctoral dissertation, University of Southern California.
Nakajima, Heizo (1996) "Complementizer Selection," *The Linguistic Review* 13, 143–164.
Nakajima, Heizo (1998) "Concessive Expressions and Complementizer Selection," *Linguistic Inquiry* 29, 333–338.
中村　捷 (1983a)「代用表現 (II)」『東北大学文学部研究年報』第 32 号, 1–48.
中村　捷 (1983b)「解釈意味論」安井稔・中右実・西山佑司・中村捷・山

梨正明『意味論』229–336, 大修館書店, 東京.
Nakamura, Masaru (1983c) "A Nontransformational Approach to Quantifier-Floating Phenomena," *Studies in English Linguistics* 11, 1–10.
Nakamura, Masaru (1988) "Inverse Indirect Binding,"『言語研究』93, 1–19.
中村　捷 (1996)『束縛関係――代用表現と移動』ひつじ書房, 東京.
西垣内泰介 (1999)『日英語対照研究シリーズ (7): 論理構造と文法理論――日英語の WH 現象』くろしお出版, 東京.
岡田伸夫 (1985)『副詞と挿入文』大修館書店, 東京.
Pesetsky, David (1989) "Language-Particular Processes and the Earliness Principle," ms., MIT.
Pesetsky, David (1995) *Zero Syntax: Experiencers and Cascades*, MIT Press, Cambridge, MA.
Pesetsky, David (1998) "Phrasal Movement and Its Kin," ms., MIT.
Postal, Paul (1971) *Cross-Over Phenomena*, Holt, Reinhart and Winston, New York.
Reingart, Tanya (1991) "Elliptic Conjunctions: Non-Quantificational LF," *The Chomskyan Turn*, ed. by Asa Kasher, 360–384, Blackwell Publishers, Cambridge, MA.
Rizzi, Luigi (1982) *Issues in Italian Syntax,* Foris, Dordrecht.
Rizzi, Luigi (1990) *Relativized Minimality*, MIT Press, Cambridge, MA.
Roberts, Ian (1997) "Restructuring, Head-movement, and Locality," *Linguistic Inquiry* 28, 423–460.
Ross, Robert (1969) "Auxiliaries as Main Verbs," *Studies in Philosophical Linguistics*, Series One, ed. by William Todd, 77–102, Great Expectations, Evanston, Ill.
Sag, Ivan (1976) *Deletion and Logical Form*, Doctoral dissertation, MIT. [Reproduced by Garland, 1980]
Saito, Mamoru (1992) "Long Distance Scrambling in Japanese," *Journal of East Asian Linguistics* 1, 69–118.
Schreiber, Peter A. (1971) "Some Constraints on the Formation of English Sentence Adverbs," *Linguistic Inquiry* 2, 83–101.

Sloan, Kelly (1991) "Quantifier-Wh Interaction," *MIT Working Papers in Linguistics* 15, 219–237.

Sportiche, Dominique (1988) "A Theory of Floating Quantifiers and Its Corollaries for Constituent Structure," *Linguistic Inquiry* 19, 425–449.

Stowell, Tim (1991) "Small Clause Restructuring," *Principles and Parameters in Comparative Grammar*, ed. by Robert Freidin, 182–218, MIT Press, Cambridge, MA.

立石浩一・小泉政利 (2001)『文の構造』(英語学モノグラフシリーズ 3) 研究社, 東京.

Tsai, Wei-Tien Dylan (1994) *On Economizing the Theory of A-Bar Dependencies*, Doctoral dissertation, MIT.

Uriagereka, Juan (1998) "Multiple Spell-Out," ms., University of Maryland.

Watanabe, Akira (1991) "Wh-in-situ, Subjacency, and Chain Formation," ms., MIT.

Watanabe, Akira (1992) "Subjacency and S-structure Movement of Wh-in-situ," *Journal of East Asian Linguistics* 1, 255–291.

Webelhuth, Gert (1989) *Syntactic Saturation Phenomena and the Modern Germanic Languages*, Doctoral dissertation, University of Massachusetts.

Williams, Edwin (1977) "Discourse and Logical Form," *Linguistic Inquiry* 8, 101–139.

Williams, Edwin (1982) "The NP Cycle," *Linguistic Inquiry* 13, 277–295.

Zagona, Karen (1988) *Verb Phrase Syntax: A Parametric Study of English and Spanish*, Kluwer Academic Publishers, Dordrecht.

索　引

あ 行
演算子（Operator: Op）　9, 111, 112, 116, 132, 135, 155, 156
演算子と変項の関係（operator-variable relation）　116

か 行
会話の原則　83, 84
かき混ぜ（scrambling）　153, 154
かき混ぜ操作　186, 192
格照合　121
下接の条件（Subjacency）　118, 133, 134, 141, 160, 183
下方含意（downward entailment）　25, 26
含意（entail）　16
含意計算の局所性条件　47
関数的読み（functional reading）　171–73
間接束縛（indirect binding）　160, 167, 215
寄生空所（parasitic gap）　182
基底構造（D-structure: D 構造）　114
疑問演算子　82
逆間接束縛（inverse indirect binding）　161
逆行連結（inverse linking）　164, 166
逆行連結構文　167
強化条件　16, 17, 19, 22, 23
局所性条件（locality condition）　188
極性（polarity）　4
極性表現　115
繰り上げ　10
繰り上げ述部（raising predicate）　137, 201, 203

経済性の原理（principle of economy）　185
顕在部門（overt syntax）　115, 118, 169
交差（crossover）　120
交差現象　168
交差効果　120
構成素統御（c-command）　111, 114
肯定極性表現（positive polarity item: PPI）　3, 7, 43, 94
個体読み（individual reading）　171–73, 177
個体レベル述部（individual-level predicate）　99, 137
語用論的推論（pragmatic inference）　87
根源的（root: R）用法　201
コントロール述部（control predicate）　137, 201, 203

さ 行
再構造化　126, 152
再構造化動詞　126, 127, 152, 153
再構築　138, 158, 159, 192
最小性条件（minimality condition）　190
作用域（scope）　111, 114
作用域に関する経済性の原理　150
作用域の原理　114, 122, 143
指定部（Specifier: Spec）　10
視点（perspective）　80
支配　114
島（island）　11, 13, 121
写像仮説　136, 137, 195, 196
自由　7

［231］

修辞疑問　87
修辞疑問文　86, 90
修正拡大標準理論（Revised Extended Standard Theory）　114
自由選択の any（free-choice *any*）　50
主語志向の副詞（subject-oriented adverb）　209, 210, 212
瞬時動詞　90
小節（small clause）　12
焦点　115
上方含意（upward entailment）　25, 97
省略（ellipsis）　148
真理条件　67
真理値　69
数量詞　111
数量詞繰り上げ（Quantifier Raising: QR）　12, 111, 116
ステージレベル述部（stage-level predicate）　99, 137
制限子　116
制限節（restrictive clause）　135, 136, 138, 139
節境界性　125
節境界性の制約（clause-boundedness）　123, 151, 154
接辞（clitic）　9
節の再構造化（clause restructuring）　125, 126, 129
先行詞を含む削除（Antecedent Contained Deletion: ACD）　119, 126
潜在部門（covert syntax）　115
選択の自由　56
前提（presupposition）　68, 69, 115
総称演算子　72
総称的文脈　194
総称量化（generic quantification）　136–38
遡及問題（regress problem）　120
束縛原理（A）　8, 10
束縛原理（B）　7, 10
束縛されていない　7

束縛代名詞　155, 156, 179–81
束縛代名詞の認可条件　155–59, 163, 196, 198, 199
存在数量詞（existential quantifier）　50, 112, 143
存在量化（existential quantification）　136–38

た 行

代名詞束縛　115
多重疑問文　132
多重 wh 疑問文　134
中核作用域（nuclear scope）　116, 135, 136, 138, 139
直接作用域　14, 84
直接作用域制約（Immediate Scope Constraint: ISC）（A）　14
直接作用域制約（ISC）（B）　16
直接作用域内　20
適正束縛条件（Proper Binding Condition）　164
等位構造制約（Coordinate Structure Constraint）　11, 13
等位接続　38, 69
同格節　92
統語的作用域（syntactic scope）　5, 87
統語的作用域内　24
統率範疇（IP）　7, 8
倒置　39, 69, 85
特定的　139
特定的解釈　139, 193–96, 198, 200

な 行

二重否定　19, 95
二重目的語構文　145, 146, 176
認可条件　160, 162, 200
認識的（epistemic: E）用法　201

は 行

背景条件　16, 17, 19
発話動詞　91

非選択的な数量詞（unselective quantifier） 216
非選択的に束縛（unselectively bind） 215
否定演算子（NEG） 101
否定極性表現（negative polarity item: NPI） 3
非特定的解釈 113, 193–98, 200
評価副詞（evaluative adverbs） 210, 211, 212
表示のレベル（a level of representation） 115
表層構造（S-structure: S構造） 114
付加 10
付加詞制約（Adjunct Constraint） 118
付加詞の島（Adjunct Island） 11
複合名詞句制約（Complex NP Constraint） 11, 13, 118
不定代名詞（indeterminate pronoun） 188, 190
不定名詞句 136, 138, 193–95
普遍数量詞（universal quantifier） 46, 112, 143
文修飾の副詞 206
ペアリスト読み（pair-list reading） 160, 161, 171–73, 177–83
平行性（Parallelism）の条件 149
変項（variable） 111, 112, 120, 132, 184
法演算子（modal operator） 113, 193–95
法助動詞 113, 201
法副詞（modal adverbs） 210–12
補文標識（Complementizer: C） 9
本質的（essential） 102

や・ら・わ 行
優位な位置 85, 99, 107
有用性条件 16, 17, 19
遊離数量詞（floating quantifier: FQ） 183, 184
遊離数量詞化（Q-Float） 52
与格構文 145, 175
離接接続表現 53
量化の力（quantificational force） 188
量化の副詞（quantificational adverb） 113, 214–16
論理演算子（logical operator） 15, 88, 99
論理形式（部門）（Logical Form: LF） 8, 111
論理構造（logical structure） 111, 115
話者志向の副詞（speaker-oriented adverb） 209, 210, 212

A ~ Z
A 移動 121, 131, 147, 152
A′ 移動 123, 147, 152
ACD 構文の遡及問題 127
affective 24, 25, 106
anti-additive 40, 42
antimorphic 41, 42
antimultiplicative 41
c 統御（c-command） 5–7, 85, 88
downward monotonic 26
LF 196
LF 移動 10, 134
LF 構造 115
LF 部門 111, 112, 115
MD（monotone-decreasing）環境 26
MI（monotone-increasing）環境 28
monotone decreasing（MD） 26, 42, 67
monotone-increasing 26
monotonicity 38, 42–44, 47, 69, 80, 107
Move α 118
QR 143
Q 小辞（Q-particle） 188, 190
S 構造 170, 196, 214

upward monotonic　26
VP 内主語仮説　122, 134
wh 移動　123, 131
wh 疑問詞　112
wh 島の制約（*wh*-island Constraint）　118
wh 併合　133, 162, 188
wh-in-situ　132, 133, 170, 187, 188

〈著者紹介〉

原口庄輔(はらぐち　しょうすけ)　1943年生まれ．明海大学外国語学部教授．

中島平三(なかじま　へいぞう)　1946年生まれ．東京都立大学教授．

中村　捷(なかむら　まさる)　1945年生まれ．東北大学大学院文学研究科教授．

河上誓作(かわかみ　せいさく)　1940年生まれ．大阪大学大学院教授．

奥野忠徳(おくの　ただのり)　1951年大阪府生まれ．東北大学大学院文学研究科博士課程中退．現在，弘前大学教育学部教授．主著：「日本語における語順，解釈，文法性の度合い」(『月刊言語10周年記念増刊号』，大修館書店，1982)，『変形文法による英語の分析』(開拓社，1989)，"VP Ellipsis in English" (*English Linguistics* 16, 日本英語学会，1999)など．

小川芳樹(おがわ　よしき)　1969年広島県生まれ．東北大学大学院文学研究科博士課程修了．博士(文学)．現在，北見工業大学工学部助教授．著書：*A Unified Theory of Verbal and Nominal Projections* (Oxford University Press, 2001)，論文：「日本語アスペクト動詞の自動性・他動性」(黒田成幸・中村捷編『ことばの核と周縁：日本語と英語の間』(くろしお出版，1999)，"The Stage/Individual Distinction and (In)alienable Possession" (*Language* 77, 2001)など．

英語学モノグラフシリーズ 9
極性と作用域

2002年7月25日　初版発行

編　者	原口庄輔・中島平三 中村　捷・河上誓作
著　者	奥野忠徳・小川芳樹
発行者	荒木邦起
印刷所	研究社印刷株式会社

発行所　株式会社　研究社

http://www.kenkyusha.co.jp

〒102-8152
東京都千代田区富士見2-11-3
電話（編集）03(3288)7755(代)
　　（営業）03(3288)7777(代)
振替　00150-9-26710

KENKYUSHA
〈検印省略〉

ISBN4-327-25709-5　C3380　　Printed in Japan